米中衝突

危機の日米同盟と朝鮮半島

手嶋龍一
外交ジャーナリスト・作家

佐藤 優
作家・元外務省主任分析官

639
中公新書ラクレ

まえがき
―米中衝突の風景―

手嶋龍一

あれは凍てつく冬の出来事だった。

ベルリンの壁が崩れる二年前の一九八七年の暮。アメリカはクレムリンの最高権力者を西側同盟の司令塔に迎えていた。われわれホワイトハウスの特派員にとって、ソ連共産党の書記長、ミハイル・ゴルバチョフのことならどんな些細な動きもニュースだった。

そのゴルビーの身辺に異変が起きたらしい――。大統領補佐官たちの動きが俄かに慌ただしくなった。いつもは温顔を絶やさないアメリカ大統領、ロナルド・レーガンも不安げだった。ホワイトハウスへの到着がもう一時間以上も遅れていたからだ。ソビエト大使館で副大統領、ジョージ・ブッシュと朝食を共にした書記長は、大型リムジンに乗り込んでこちらに向かっているはずだ。

その時、書記長はコネチカット通りの交差点で突然車から降りてしまった。そして街頭で手を振る市民たちのなかにさっさと分け入り、こうロシア語で語りかけた。

「さて、ソ連とアメリカは、どうやって歩み寄っていくか。ここはひとつ、あなたがたもレーガンさんの背中を押して力を貸してください」

米ソ両超大国が核の刃を突きつけあっていた時代のハプニングだった。前方を走っていた警護の車列は、ボスのリムジンを置き去りにしたことに慌てて一斉にバックした。新聞は「さながら映画のフィルムを巻き戻したような光景だった」と報じた。レイキャビックの米ソ首脳会談が決裂した記憶はまだ癒えていなかったからだ。ようやく姿を見せた賓客を迎えたレーガンも「お国に帰ってしまったかと思いましたよ」と安堵の表情を見せた。中距離核戦力（ＩＮＦ）全廃条約はこの二日前にホワイトハウスで調印され、冷たい戦争を終わらせる前奏曲が奏でられようとしていた。だが、それも小指で触れればたちまち崩れ落ちてしまう情勢下での合意だったのである。

あろうことか、異形の大統領、ドナルド・トランプは、このようにしてまとめられたＩＮＦ全廃条約という安全装置を取り外そうとしている。二〇一八年十一月の中間選挙を意識して離脱の舞台に選んだのは、核兵器開発の揺籃の地、ネバダ州だった。だが、この決断はいつものトランプ流の思いつきではない。国家安全保障担当大統領補佐官、ジョン・ボルトンを直ちにロシア大統領、ウラジミール・プーチンのもとに派遣し、ＩＮＦ全廃条約を死に至らしめる旨の通告をさせている。この条約が禁じている射程五〇〇キロを超す巡航ミサイルをロシア側が開発・製造しているというのがその理由だった。

アメリカのＩＮＦ全廃条約からの離脱によって「米中衝突」の幕があがった――後世の歴史家はこう記すことになるかもしれない。中距離核の縛りを解けば、米ロ両国は核軍拡競争に突入せざるをえない。ロシアは日本の対岸にも巡航ミサイルを公然と配備し、在日アメリカ軍基地を標的とするだろう。加えて、ＩＮＦ全廃条約に加盟していない中国も中距離核の開発競争に巻き込まれていくはずだ。そうなれば、東アジアは核の戦場になる危険が高まってしまう。「トランプのアメリカ」にとっての主敵は「プーチンのロシア」ではない。いまや「習近平の中国」なのであり、危機の本質はここにある。

アメリカのメディアにはいま「新冷戦」「冷戦Ⅱ」という言葉が溢れている。冷戦の時代、米ソ両陣営は核兵器を手に厳しく対峙したが、核戦争だけは辛くも免れた。それゆえ「冷たい戦争」と呼ばれたのだが、「新冷戦」の時代にあっては、核の使用を縛る安全装置を欠いている。冷戦の統帥部に集った司祭たちは、核ミサイルへの防衛手段を制限し、互いの国民を核戦争の人質に差し出す弾道弾迎撃ミサイル（ＡＢＭ）制限条約を考え出し、中距離核の全廃条約の締結に漕ぎつけたのだった。核戦争の防止装置は、ガラス細工のように繊細で脆い仕組みだったが、「トランプのアメリカ」はそれすら破り捨てようとしている。

二〇一八年十月四日、アメリカ副大統領、マイク・ペンスは「ハドソン研究所」で演説し「米中衝突」の時代に入ったことを宣言した。このなかで、中国の習近平政権は、アメリカからハイテク技術を掠め取る「メイド・イン・チャイナ２０２５」政策を推し進め、「一帯一路構想」を通じて近隣諸国を債務で搦めとる外交戦略を繰り広げていると批判。さらに、内にあってはウイグル人やチベット人などの少数民族を抑圧し、外にあっては南シナ海に人工島を造って海洋の支配圏を確立しつつあると非難した。米中の対立は、高関税という切り札を互いに繰り出す貿易戦争にとどまらず、海洋を舞台にした軍事力の対決の様相を濃くしている。

こうした情勢のもと、日本の総理、安倍晋三は二〇一八年十月下旬、七年ぶりに中国を単独で訪れ、国家主席、習近平とひざ詰めで話し合った。この釣魚台会談はいつになく和やかだった。習近平は「客観情勢の変化が中日双方にとって高度な協力の可能性をもたらした」と思わせぶりに微笑んだ。高関税のこぶしを振りかざすトランプは、中国ばかりか日本とも軋轢を生んでいる。ならば、日中両国は互いに連携し、こうした負の潮流に抗っていこうではないか、と誘いかけたのだろう。ありていに言うなら、日米同盟にくさびを打ち込もうとしたのである。

保護主義に傾くトランプ政権を牽制するには、「中国カード」を切るのがいい——。安倍官邸を支える経済産業省の官僚群は、習近平の中国の誘い水を好機と考えたのだろう。習近平政権が推進する「一帯一路構想」にも歩み寄る姿勢を示してみせた。通商交渉だけならそんな戦術もあり得よう。だが、日米同盟は、通商分野にとどまらず、外交そして安全保障に及んでその裾野は遥かに広い。加えて太平洋を横断する日米の同盟関係は、東アジアの安定に資する「国際公共財」でもある。習近平の中国を取り込んでトランプの保護主義を抑え込む。日本の対外戦略がかかる浅薄な発想に基づいて発動されるなら、やがて太平洋同盟の基盤は喪われていくだろう。

中央公論新社の求めで佐藤優さんと一年を経ずに新たな対論を編むことになった。前著『独裁の宴』（二〇一七年）でわれわれが示した、いずれ米朝は結ぶという見通しは、ほぼ現実のものとなった。その一方で、東アジア政局はダイナミックに変貌を遂げつつある。これほどの変化は、冷戦が幕を下ろした一九九〇年前後以来のことだろう。本書では、東アジア政局、とりわけ朝鮮半島という鏡に映し出された「米中衝突」の実相を多角的な視点から検証してみた。いまのニッポンは、超大国アメリカの傘から抜け出し、荒海に向かわざるをえない。この国に暮らす人々のインテリジェンス能力にいっそう磨きをかけて新たな針路を定めることに、ふたりの仕事がささやかでもお役に立てるなら幸いである。戦後日本に突然降臨した、佐藤優という孤高のインテリジェンス・オフィサーから近未来を読み解く極意を存分に吸収していただきたいと思う。

目次

第5章　夕景の北朝鮮　そしてグレートゲームの日は昇る――141

本文DTP／今井明子

米中衝突

危機の日米同盟と朝鮮半島

第1章

「北朝鮮」が炙り出す日本のインテリジェンス

国際政局に異変あり

手嶋 二十一世紀という時代は、二〇〇一年の九月に超大国アメリカを襲った同時多発テロ事件で幕を開け、二〇一六年十一月に異形の大統領、ドナルド・トランプが誕生したことで本格的に始まった――。われわれの眼前で繰り広げられている現下の国際政局をみるにつけ、そうした感を深くします。

佐藤 ここで、二十世紀についておさらいしておきましょう。イギリスの歴史家のエリック・ホブズボームは、「長い十九世紀」と「短い二十世紀」という概念を提唱していました。長い十九世紀とは、一七八九年のフランス革命から一九一四年の第一次世界大戦勃発直前までのことを指します。それに対し、短い二十世紀とは、一九一四年の第一次世界大戦勃発から一九九一年のソ連崩壊まで。その短い二十世紀には二回の大戦があったわけですが、ホブズボームは、第一次世界大戦、第二次世界大戦は連続した「二十世紀の三十一年戦争」であるという見方を示しています。私もこの見方に賛同します。

そのうえで、二十世紀という時代は台頭するドイツを抑えることが大きな目的であり、最終的にはソ連崩壊によって西側が勝利するわけですが、これは欧州においてはドイツの勝利だった――とホブズボームは指摘している。この見方も決して間違いではありません。二十世紀というとロシア革命が大きな事件とみられていますが、ホブズボームが言うように、それより構造的に影響が大きかった要因はドイツでした。

しかし、そのドイツを含む欧州の影響力というもの自体が二十世紀においては圧倒的に小さくなっていった。それはアメリカが台頭したからです。

この二十世紀の特徴は世界的な規模でみれば「アメリカの世紀」であったと言えると思います。アメリカは第一次世界大戦においても第二次世界大戦においても本土が戦場とならない戦勝国だった。それが最大のポイントです。このアメリカが、二〇〇一年九月十一日の同時多発テロによってはじめてアメリカ本土に本格的な攻撃を受け、様相が変わり始めた。この歴史の転換のなかでトランプ政権が出てきたというふうに私はみています。

手嶋 繰り返しますが、あの九・一一テロ事件で「アメリカの世紀」に黄昏が訪れ、トランプ政権の誕生によって凋落のペースが速まったのでしょう。これらの出来事が二つながら、アメリカを舞台に起きたことは必ずしも偶然ではないと思います。アメリカという国は、一七七六年にイギリスから独立を宣言し、八七年にフィラデルフィアで合衆国憲法を定めて創られた「人工国家」です。広大な国土や資源もさることながら、国家としての土台が堅牢で傑《すぐ》れていたのでしょう。やがて世界の指導的な国として頭角をあらわし、ご指摘のように二十世紀は「パックス・アメリカーナ」、アメリカの世紀といわれました。

佐藤 九・一一テロ事件はポスト冷戦時代の終焉で、その後、ポスト・ポスト冷戦が始まる。アメリカの同時多発テロから現代史が始まっていると思います。この現代史のなかでは、イスラムの台頭と並んでなんといっても重要なのは中国の台頭です。

手嶋 中国をいまのような強力な存在に育てあげる礎《いしずえ》を創ったのは鄧小平というリーダーです。改革開放政策を推し進め、能ある鷹は爪を隠して、いまはひたすら力を蓄えよ。そう説いたのですが、習近平はアメリカから思いのほか早く覇権を奪い取る機会が到来しつつある。そう思ったのでしょう。

佐藤　ドナルド・トランプという政治リーダーの登場があまりに唐突だったために、われわれは「つむじ風」のように思いがちです。でも、重大な気候変動が起きる背景には、地球を取り巻く環境が様変わりしていたように、われわれが、アメリカの地殻変動を見過ごしていたこともあると思います。

手嶋　たしかにトランプ大統領の誕生は、アメリカだけでなく、国際社会にとっても、かなりの衝撃でした。しかしそれは一つの現象に過ぎず、より重要なのは、アメリカ社会に大きな地殻変動が起きていることだと思います。

佐藤　だとすれば、トランプ旋風は一過性のものではなく、穴蔵にじっと身を潜めていれば、いずれ通り過ぎていくと思うのは楽観的に過ぎますね。

手嶋　その通りだと思います。超大国アメリカの経済力は、東西冷戦期に較べて、当然のこと、相対的には格段に小さくなりました。それに伴って、アメリカの白人労働者層の所得も縮んでしまった。その果てにアメリカ社会の底流にはマグマのように不満が溜まっていた。それを鷲摑みにしてトランプ票に変え、ホワイトハウス入りを果たしたのがドナルド・トランプでした。そのことは後に詳しく議論するとして、冒頭では、トランプ大統領を誕生させた選挙戦ではたして何が起きたのかを佐藤さんと共に検証してみたいと思います。

佐藤　アメリカの大統領選びに、あろうことか、ロシアの情報機関が介入したという疑惑が生じた。彼らは民主、共和両党の選挙の司令塔に、サイバースペースを介して入り込んだ。そして選挙結果にも影響を与えて、本命候補といわれた民主党のヒラリー・クリントン女史が敗れるきっかけになったと多くのアメリカ人が考えています。

手嶋　世界の名だたる金融機関やグーグルのような有力なIT企業の心臓部にも、ハッカーがどんどん侵入してくる時代です。アメリカ大統領選挙の司令塔の情報システムに入り込むことなど苦もないでしょう。技術的にはいまや日常茶飯事の出来事です。しかし、その政治的影響は計り知れないものがあります。

佐藤　ロシアの干渉が事実だとすれば、世界の民主主義のリーダーだと誇ってきたアメリカが、自分たちの大統領選びの舞台を土足で踏みにじられたのですからね。

手嶋　まさしくその通りです。アメリカという国は、泥沼のベトナム戦争に手を染めたり、サダム・フセインが大量破壊兵器を持っていると断じてイラク戦争を始めたりする、独りよがりな、困った面を持った国でもあります。しかし、その一方で、民主主義の革命をいち早く国内に根付かせた清教徒の国家でもあります。この国のデモクラシーは、まやかしに過ぎないという人はいないでしょう。なかでも、公正で民主的な手続きによってアメリカの大統領を選んできた。草の根の人々はそのことに限りない誇りを持っています。そのプロセスには汚点がないと信じてきました。民主制も決して完璧なシステムではありませんが、アメリカ大統領を誕生させる仕組みには「穢れがない」といっていいでしょう。

佐藤　ところが、そんなアメリカ民主主義の聖域にロシア軍の諜報組織が介入し、共和党のトランプ陣営もそれを手引きした疑惑が持たれている。まことに重大な事態と言わざるをえませんね。

手嶋　まさしく問題の本質はその一点にあるのです。われらが大統領の誕生に外国の勢力が介入し、それを手引きした者がいたとすれば、トランプ大統領の出自そのものに疑いの眼を向けざるをえなくなってしまいます。

佐藤 民主国家が主権の最たるもの、つまり大統領を自分たちの手で選ぶ権利が侵害されてしまった。政治リーダーを選ぶ仕組みがサイバー攻撃によって左右されたとなれば、国家の主権そのものが溶解しかねません。

手嶋 その点で二十一世紀という時代が、危険な水域に入りつつあることを象徴する事件と受け取るべきでしょう。

佐藤 そして、今度(二〇一八年秋)の中間選挙では、中国の情報機関が、ロシアの手法を真似て、サイバー攻撃を加えていたとトランプ政権が批判しています。

手嶋 トランプ政権の対中国批判は、ロシアの選挙介入の時とは違ってかなり手厳しい。ニールセン国土安全保障長官は、上院の国土安全保障・政府活動委員会の公聴会で証言し、「中国は中間選挙を標的にアメリカの世論に影響を与えようとしている」と断じました。そして、アメリカの外交や安全保障に前例のない影響を及ぼそうとしていると批判しています。さらにFBIのレイ長官は「中国ははるかに広範な分野でアメリカに影響力を及ぼそうとしている」と指摘し、サイバー攻撃だけでなく、アメリカのメディアなどに様々に資金を投じて、アメリカの世論を左右していると強い警戒感を示しています。

「ロシアはきょうのために戦っているが、中国は明日のために戦っている」

レイ長官はこう述べて、中国のアメリカへの影響力は今後一層強まるだろうと警告しています。

佐藤　こうしたアメリカの当局者の見解に接すると、米中関係は明らかにこれまでとは異なる衝突の水域に入りつつあるとみるべきですね。

手嶋　そう、主権国家が国民の投票によって公正に代表を選ぶ仕組みが重大な危機に晒されているのですから。アメリカでは、大統領選挙がある四年ごとに、二月頃には、ニューハンプシャー州のカナダ国境に近い小さな村、ハーツロケーションで全米に先駆けて予備選挙の投票が行われます。そう、アメリカでいちばん早く大統領候補を選ぶ村なのです。有権者が五〇人にも満たない小さな村を有力候補が遊説して廻り、人々に支持を訴えていきます。大統領への道はここから始まるのです。草の根のアメリカ民主主義の何たるかを物語る光景を取材して、感銘を受けました。大統領を選ぶ聖域に外国の勢力が手出しをする――。アメリカの人々はそれだけは断じて許さないでしょう。

佐藤　アメリカの選挙への介入がやまないなか、トランプ政権は、一期目の折り返し地点で、有権者から審判を受けました。この中間選挙の結果が明らかになりましたね。

手嶋　結果をみる前に、この中間選挙なるものの仕組みをざっと説明しておきます。アメリカ連邦議会の上院は、五〇州にそれぞれ二議席が割り当てられ、合計で一〇〇議席。今回改選されたのは定員のざっと約三分の一にあたる三五議席でした。一方、下院の議席数は四三五、中間選挙のたびにすべての議席が改選されます。四年ごとの大統領選挙のちょうど真ん中で選挙が行われるため、「中間選挙」と呼ばれてきました。現職大統領は、この選挙を通じて有権者の審判を間接的に仰ぐことになります。

佐藤　今回の中間選挙は、民主、共和両党の直接の勝敗というより、二年後のトランプ再選を占う意味で注目を集めました。

手嶋　その通りなのですが、トランプ大統領の場合は、誤解を恐れずにいえば、個々の共和党議員の当落などさして関心がなかったと思います。一方で、上下両院でトランプ与党の共和党が多数を握ることができるかどうか。これは自らの政局運営に直に響いてきますから、やはり勝っておきたかったと思っていたはずです。トランプ大統領が最高裁判事に任命した保守的な人物を上院が承認するかどうか。これは上院、とりわけ司法委員会がカギを握っていますから、連邦議会で多数を制しておくことは極めて重要ですから、トランプ大統領も二年後の再選を睨んで激戦州を駆けめぐり全力投球でした。

佐藤　全世界が注目するなか、アメリカの有権者はじつに巧妙な審判を行いましたね。

手嶋　ざっと結果を検証してみましょう。上院では、トランプ与党の共和党が過半数の五〇議席をわずかに上回りました。上院に限っていえば、今回は共和党に極めて有利な選挙だったのです。改選前の三五の内訳が、共和党の九議席に対して民主党はオバマ人気に乗って当選した議員が二六人と多かったため、共和党は大きな取りこぼしをしなければ、過半数を維持できる戦いでした。一方、下院のほうは、二年前に〝トランプの風〟に後押しされて当選した共和党議員がかなりいたため、共和党にとっては厳しい選挙戦となり、新人の女性候補の健闘もあって野党の民主党が躍進し、多数を奪還して勝利しました。

佐藤　いまのところ下院選挙で共和党が負けたことに焦点が当たっていますが、過去の中間選挙でも大統領の与党が勝利することはむしろ珍しいのですね。

手嶋 そこは有権者のバランス感覚が働くのだと思います。現職大統領に、中間選挙でお灸をすえておく。その典型が、クリントン政権一期目の中間選挙でした。上院で八議席、下院ではなんと五四議席を失う大敗を喫しています。それでも、再選を果たしているのですから、トランプ旋風がめっきり衰えてただちに再選に赤信号が灯ったとは言えません。

佐藤 中間選挙では与党が議席を減らすのは珍しくないのですね。その意味では、トランプ大統領が有権者から厳しい審判を受けたと決めつけるのは、なるほど、早計なのですね。日本では、貿易戦争のこともあり、トランプ政権はいまにも崩れるのでは、弾劾されるのでは——という半ば希望的な観測がありました。しかし、トランプ政権の権力基盤が大きく揺らいでいるとみないほうがよさそうですね。

手嶋 アメリカの国内政局に通じた中国のアメリカ・オブザーバーも、貿易戦争については、トランプ大統領は有権者から手痛いしっぺ返しを受けると思い込んでいた節がありました。しかし、今回の選挙結果をみる限り、トランプは共和党支持層からまだ見捨てられずに、しぶとく生き残っていると言えそうです。

佐藤　中国の指導部は現実主義者ですからトランプ再選というシナリオを想定して戦略を練っていると思います。それと同時に、米中の対立は歴史の必然であるので、大統領がトランプでなくても米中対立の構図は基本的に変わらない、というのが中国側の基本的な見立てだと思います。

手嶋　さて、そのアメリカと中国、G2の衝突が現実のものになりつつある――といったことを本書は二人で論じていくことになりますが、その分析を行うにあたり、歴史的な出来事となった米朝首脳会談について論じるところから始めましょう。

予測は当たり、米朝は結んだ

手嶋　ちょうど一年前の二〇一七年暮、佐藤さんと出版した『独裁の宴』（中公新書ラクレ）は、東京を拠点とする朝鮮半島オブザーバーの間に波紋を呼び起こしました。「予測が大胆に過ぎる」というのです。たしかに、そこでは、一七年の秋から暮れに限れば、米朝の軍事衝突の可能性は極めて低い――と結論付けています。偶発的に不幸な事態を誘発するリスクはゼロではないが、と留保をつけて――。

佐藤　ちょうど同じ時期に海上自衛隊の最高幹部を務めた人物が「クリスマス開戦来る」という内容の新書を世に問うていたくらいですから、たしかに大胆と思われたかもしれません。

手嶋　自衛艦隊司令官を経験された方ですね。かつての帝国海軍の連合艦隊でいえば山本五十六提督と同じポジションです。まあこの時期、「クリスマス開戦」までいかなくても、「早い段階で、アメリカがアクションを起こすのではないか」という話が、テレビ、新聞、雑誌などあらゆるメディアで、まことしやかに語られていました。

われわれの分析の骨格は、『中央公論』の一七年十一月号の対論ですから、同年の九月時点の情勢ということになります。かいつまんで言えば、想定される「戦争」は、アメリカの先制攻撃によるものとなるが、その可能性は極めて低い。ただし、北が核・ミサイルの開発を続ける限り、アメリカは対北攻撃の選択肢を捨てないだろう――と分析したわけです。そのうえで、そうした状況の打開に向けて、米朝が「二国間交渉」に乗り出す公算が大きい、という判断にまで踏み込んでいます。

佐藤 あの時点では、米朝交渉の可能性を指摘する議論など、圧倒的に少数派でしたね。まあ、「多数派」の見方が、それを見聞きする人たちに受け入れられやすい環境にあったのも確かなのですが。

手嶋 読者に記憶を呼び覚ましていただくために振り返っておけば、北朝鮮は一七年八月と九月の二度にわたって、日本上空を通過する弾道ミサイルを発射し、その際Jアラート（全国瞬時警報システム）が「発動」されました。北海道から中部地方の一部にまで「避難」が呼びかけられ、鉄道がストップするような事態も生まれたのです。それより少し前の五月には、インド洋にいたアメリカの空母「カール・ビンソン」と「ロナルド・レーガン」が朝鮮半島を睨むように北上し、この時期から「いよいよ米軍が空爆敢行か」と日本のメディアは色めき立ったわけです。

ただし、同じ時期、当のアメリカや韓国も含めて、この件に関する海外の報道は冷静でした。それが、結果的に日本の「異様さ」を際立たせていることも、指摘しました。

佐藤 アメリカなどが冷静だったのは、ある意味当然で、もし空爆を受けたなら、北は必ず反撃します。韓国に在留の登録をしているだけでも約一〇万人いるアメリカ市民の多くに累が及ぶことになるでしょう。そんなことになったら、さしものトランプ政権ももちません。そのこと一つとっても、先制攻撃のハードルは極めて高い。われわれは、そういう当然の分析に基づいて、述べたように予測したわけです。

手嶋 結局、その見立て通り、先制的な空爆は行われませんでした。そればかりではありません。一八年六月には、多くの人にとって「まさか」の、トランプ・金正恩会談が実現しました。

佐藤 アメリカに対する北朝鮮の核の脅威を払拭するためには、アメリカが北の望む二国間の直接交渉に出て行くしかない、という筋書きは、やはり必然だったわけです。

手嶋 こうした一連の動きを、われわれは、単なる憶測や主観的な持論から「言い当てた」のではありません。眼前の状況を客観的にクールに分析し、米当局者らとの意見交換などを通じて、近未来の予測を試みたのです。そして、新書の一つの章の見出しに「米朝が〝結ぶ〟これだけの理由」を掲げたのでした。

佐藤 手前味噌に聞こえるかもしれませんが、その時々のいろんな情報から、何が真実なのかをどうやって見抜くという点からも、いまの指摘は非常に重要です。提示する見解に、客観的事実や、足で集めた情報がどれだけ裏付けとして示されているのかは、情報の質を判断する一つの指標になるはずなのです。

情勢を見誤ったメディアの罪、「政局」に利用した政治の罪

手嶋　私たちがわざわざ過去の発言を持ち出して語るのは、予測が当たったことを誇りたいからではありません。伝える側の機能不全が続けば、さらなるミスリードを生む危惧があるからなのです。

佐藤　わずか一年前の予想が大外れしてしまったメディアや評論家には、情報発信の過程でどこかに決定的な問題があったわけですよね。そこを総括しないと、また同じ過ちを犯すことになるのではないでしょうか。残念ながら、総括の兆しはみえません。いまの手嶋さんの危惧は、限りなく「現実」に近づきつつあるのかもしれません。

当時のメディアの状況をあらためて振り返っておくと、私の知る限り、官邸と防衛省詰めの新聞記者たちのほとんどは、本当に米軍の空爆があると信じていました。安倍内

閣は、一七年九月に「急速に進む少子高齢化や北朝鮮情勢などを踏まえ」という名目で、「国難突破解散」を行い、翌月総選挙が実施されたのですが、この流れを「来年は米朝の戦争になるから、このタイミングでの解散が必要だったのだ」などというエクスキューズで説明する政治記者や、政治評論家までいた。少し世界情勢が緊迫すると、そこまで「語るに落ちた」状況になる日本のメディアの実態は、記憶にとどめておくべきでしょう。

手嶋　いまの話にも透けてみえるわけですが、ではなぜメディアがそんな状況になったのかと言えば、政治、具体的に言ってしまえば官邸の「情報操作」が効いたという事実も、あらためて銘記しておく必要があると思うのです。

佐藤　本来、そういう時こそ政府を監視し、国民に対して冷静さを促す報道をすべき新聞やテレビが、むしろ政府の「公報」のような形で政治利用されたというわけですね。

手嶋　その通りです。非常にわかりやすく言えば、「国難突破選挙」と銘打って国会を解散した時の政権にとっては、対外的な緊張が高まっていたほうがいい。そこで、北朝鮮の核実験やミサイル発射を最大限利用し、Ｊアラートを何度も発動しつつ、メディアを使って「危機」を煽ったという図式です。

これも、単なる個人的な感想などではありません。北朝鮮の弾道ミサイル発射の際には、前日から準備していた総理や官房長官が、異例の速さでテレビカメラの前に姿を現しました。そこからしばらく、佐藤さんの言葉を借りれば、テレビメディアはハイジャック状態となり、北のミサイルの危険性について警鐘を鳴らし続けたわけです。こうした、官邸の水際立った対応、メディア対策が、周到に準備されたものであったことを、政府の危機管理組織のしかるべきポジションにある人から、私は直接聞きました。ちなみに、彼らもそうした文脈でJアラートを「利用」することには、批判的だったのです。

佐藤 普通に考えれば、当然そういう思考になるでしょう。

手嶋 政権維持のために戦争というファクターを利用するのは、あらゆる時代のあらゆる国にとって禁じ手のはずなのですが、それが現代の日本で採用されてしまいました。私は、特に親安倍でも反安倍でもないのですけれど、安全保障の分野で、こういうことだけはすべきでない。彼らのためにも、あえてそう申し上げたいのです。「メディアの利用」ということで、一つだけ付け加えておけば、東京にいると気づかないのですが、北朝鮮のミサイル発射が騒がれていた頃、地方の放送局ではＪアラートのコマーシャルが盛んに流されていました。実は、これは地方局にとってとてもありがたいカンフル剤なんですよ。

どういうことかと言うと、日本海側から北海道にかけての地方テレビ局は、ケーブルテレビやインターネットテレビなどに押されて、経営的にひどく疲弊しているんですね。例えば、日本テレビ系列のテレビ金沢よりも、金沢ケーブルテレビのほうがずっと利益を上げているのです。それほどまでに、地方局の広告収入が少ない。そういう時に、政府が広告を出してくれるわけですから。

佐藤　政府広報は、いい収入になりますからね。

手嶋　そうなると、この問題でお上に盾突くのは、難しい。私は、とても頭のいい人がプランニングし、やはり用意周到に準備、実行された対メディア戦略だと疑っています。ここは、メディアの専門家にちゃんと調べていただきたいと思うんですよ。

Jアラートが「使えない」本当の理由

佐藤　いまも話に出たJアラートについては、一年前の本でも批判的に論じましたけど、私はその後、このシステムについての「笑えない話」を偶然聞くことになりました。

手嶋　さすがに佐藤さんの元には、いろんな情報が集まってくるのですね。どんな話なのですか？

佐藤　細かい経緯などは省かせていただきますが、某省の事務次官経験者をはじめとするOB会に、「話を聞かせてほしい」と、呼ばれる機会があったんですよ。その場で、さんざんJアラートの批判をしたのです。「『ミサイルが飛んでくるぞ』と言われてものの一〇分で、どこに逃げるのか」「そもそも、核ミサイルに対応できるのか」と。

手嶋　私は、まさにそのJアラートが鳴った瞬間、北朝鮮の弾道ミサイルが上空を飛行した北海道にいましたが、コンクリートの建物も何もない広い牧場の真ん中にいたので、どうすることもできませんでしたよ。（笑）

佐藤　その会がお開きになると、やおら一人の人が私のところに来て、「佐藤さん、Ｊアラートを設計したのは、私なんですよ」と言うのです。そして、「おっしゃる通り、あのシステムは、核ミサイルについてはまったく想定外なのです」と。Ｊアラートは、自然災害の危険などに際しても発動しますが、ことミサイル攻撃に関しては、普通の弾道ミサイルのようなものが飛んできた時に、その破片や割れた窓ガラスなどで傷つくといけないから、「地下施設や頑丈な建物に避難せよ」「屋内では窓から離れるべし」という警報を発する目的で作られたのだ、というのが彼の説明でした。

ならば、と私は質問しました。「マニュアルに『屋内では換気扇を止めましょう』とか『窓に目張りをしましょう』といった行動が明記されているのは、なぜですか？」と。これらは、明らかに化学兵器による攻撃を想定したものです。

手嶋　そういうことになりますね。

佐藤　でも、北朝鮮のミサイルを対象に考えるのだったら、これはおかしいんですよ。なぜなら、北が日本を狙って撃つとしたら、中距離弾道ミサイル以上のミサイルになる。飛行中に、少なくとも数百度の高熱を帯びるのです。サリンなどの化学物質は熱に弱いですから、日本に着弾する時には無害化しているでしょう。生物兵器も同じ。なのに、どうしてそんな注意喚起がなされるのか？

彼は、「実は、あそこは、イスラエルのマニュアルをそのままコピーしたのです」と答えました。それならば、合点がいきます。あの国には、化学兵器が有効な近距離からロケットに装てんされて攻撃される可能性が、常にあります。国民にアウシュビッツのガス室の歴史が刷り込まれていますから、ことに毒ガス攻撃に対する危機感、嫌悪感が強い。だから、化学戦を念頭に置いたマニュアルには、合理性があるわけですよ。問題は、それをこの島国に横滑りさせてしまったことです。

手嶋　異様なアラート・マニュアルのルーツは、イスラエルにあったのですね。それにしても、お粗末では済まない話です。

佐藤　さらに、「核ミサイル攻撃はまったく想定しなかったのですか？」と聞いたら、「はい」と。これは重要な「証言」です。実際には、Jアラートが設計の当事者さえ想定外だった核攻撃に対する万能薬のような扱いを受けているのですから。内閣官房の『武力攻撃やテロなどから身を守るために』というパンフレットには、Jアラートの説明に続いて、核物質が用いられた場合の避難の留意点も記されています。

手嶋　Jアラートを「信用していない」のは、開発の当事者ばかりではありません。それを実際に運用している人たち、日本の電波メディアをハイジャックしようと考えていた人たちのなかにも、本当にこのシステムが機能すると考えている人間はいなかったのです。ということは、実際にはあんまり役には立たないけれども、政権にとっての「使いで」は大いにあるという、ある意味二重の基準によって運用されていたことになるのです。

「核弾頭ミサイル」という幻想

佐藤　これも『独裁の宴』で指摘しましたけど、そんなに北朝鮮のミサイル発射実験に神経質になるのなら、堀江貴文さんの会社のロケットはどうなのでしょう？　前者がはるか大気圏外を飛行するのに対して、後者はその真下の北海道の地表から発射されました。どちらが「危険」なのか。

手嶋　この点でも、われわれの予想は「大当たり」でした。一八年六月三十日に発射された「ホリエモンロケット二号機」は、打ち上げ直後に爆発炎上しましたから。

佐藤　爆発が打ち上げ四秒後だったから、まだよかったのです。もし一四秒後だったら、物見遊山に集まっていた人たちを含めて、大変なことになっていたかもしれません。

手嶋　そういう指摘がなされないのが、逆に不思議でさえあります。

佐藤　少し本題からは逸れますけど、あのロケットは、実は別の「危険性」も孕《はら》んでいるのです。彼が開発しているのは、簡単に言えば「格安で大気圏外にモノを運ぶことができるロケット」ですよね。その頭に爆弾をつければ、立派な弾道ミサイルになるわけです。

手嶋　その通りです。弾頭と言っても、通常の弾頭もあれば、核弾頭もあり、生物化学兵器を搭載することもできる。そのいずれも可能性があるのです。

佐藤　ロケットの設計図が流出したり、売買されたりした結果、誰かがそういう使い方をしないという保証は、どこにありますか？　もしそんなことになったら、核不拡散の観点からも、「日本は何をやっているんだ」ということになる。オウム真理教は世界で最初の大量破壊兵器によるテロを実行して、歴史に名を刻みました。今度は日本の民間からの世界初の大量破壊兵器運搬装置の流出となるならば、同じようなインパクトを与える大事件になるでしょう。

手嶋　十分、あり得る話です。

佐藤　あのロケット開発についても、メディアは「みんなで応援しよう」という論調で伝えるばかりで、「日本の安全保障上、どうなのか」という議論がまったく提起されていませんよね。私は、かなり問題だと思っています。堀江さんがロケットを開発することと自体は素晴らしいです。ただし、国は安全の観点からきちんとした行政指導を行ったほうがいいと思います。

ロケットつながりでもう一つだけ言うと、私はさきほどの官庁ＯＢの集まりで、目から鱗の興味深い話も聞いたんですよ。彼らが軍事の専門家から説明を受けたというのですが、核を積んだＩＣＢＭ（大陸間弾道ミサイル）や中距離弾道ミサイルは、兵器として「役に立たない」可能性があるのだ、と。

手嶋　ほう、それはなぜですか？

佐藤　広島、長崎に投下された原爆は、地上六〇〇メートルくらいの高さで爆発しました。それによって、あれだけの「大量破壊」が可能になったわけです。いうまでもなく、あの爆弾は、大型爆撃機に積み、目標の上空まで運んで投下したものでした。

しかし、弾道ミサイルは、音速をはるかに超えるスピードで飛行し、さっきも言ったように高熱に耐えなければなりません。本当に地上数百メートルというピンポイントで爆発させるような制御ができるのか？　事実として言えるのは、誰も試したことがないということなんですよ。正式名称を「大気圏内、宇宙空間及び水中における核兵器実験を禁止する条約」という「部分的核実験停止条約」（ＰＴＢＴ）が調印されたのは、六三年です。弾道ミサイル技術が本格的に開発されたのは、それより後のことですから。

手嶋　なるほど。地下核実験しか許されないのだから、実地に試しようがありません。

佐藤　はるか上空で爆発しても、そのまま地上に突き刺さって不発弾になっても、決定的なダメージを与えることはできないのです。

手嶋　核弾頭ミサイルというと、「どこまで飛ぶのか」「破壊力はどれくらいなのか」といった部分ばかりが議論になりますが、それも、おっしゃるように、最適のポイントで確実に破裂させせるという前提があっての話です。たしかに、目から鱗の指摘ではありますね。

佐藤　仮にですが、核弾頭ミサイルがそういう不安定な兵器だったとしたら、「イージスアショア」を導入してこれを迎え撃ったりするのは、逆に危険な対応になる可能性もあります。

手嶋　放っておけば、ただ地表に落ちるだけだったというケースもあり得るのです。

佐藤　考えてみると、アメリカもロシアも中国も、核爆弾搭載可能な爆撃機を持っていますよね。世間が騒いでいるICBMは、本当に使える兵器なのかどうか、原点に返って検証してみる必要があるのかもしれません。ここは、ぜひ専門家の意見を聞いてみたいと思うのです。自信を持って答えられる人がいるのかどうかも、わからないのですが。

「北の危機」は去ったのか

手嶋　さて、Jアラートも使い、さんざん「北の脅威」をアピールした安倍政権でしたが、二〇一八年六月の米朝首脳会談開催を受けて、北朝鮮が弾道ミサイルを発射する事態を想定して各地で行う予定だった住民避難訓練を急遽中止しました。「ミサイル発射の可能性が低下した」というのが理由です。しかし、現実問題として、北朝鮮はいまも核弾頭搭載可能なミサイルを保有しており、それらをすべて廃棄したという話はありません。少なくとも、住民の訓練を中止した時点では、朝鮮半島の現実は、会談前と基本的に変わっていなかったのです。

佐藤　その通りです。

手嶋　そこも、きっちり検証しておく必要があると思うのです。老婆心ながら、私が問いたいのは、避難訓練そのものの是非では、もちろんありません。あの段階で北朝鮮に対する警戒態勢を解くという、国のリスクマネジメントがはたして適切だったのか、ということなのです。

例えば一九六二年、キューバに建設中のミサイル基地に、ソ連が核ミサイルを運び込もうとして、アメリカが海上封鎖でこれと対峙する「キューバ・ミサイル危機」が起こりました。結果的に、一歩手前まで来ていた核戦争は回避されるのです。この時には、ケネディーとフルシチョフの合意によって、キューバに向かっていたソ連の艦艇がUターンをして、危機はからくも回避されました。現地のキューバでも、核ミサイル施設は目にみえる形で撤去されたのです。つまり、警戒を解くべき十分な根拠があったわけです。これに対して、二〇一八年六月時点の朝鮮半島には、その根拠は見当たりませんでした。

佐藤 いま手嶋さんがおっしゃった政府の決定は、安全保障の文法に照らすと「北朝鮮と仲良くしたい」というメッセージに他なりません。脅威は「意思と能力」によってつくられます。北の能力が変わらないのに一方的に警戒を緩めるという決定は、「北朝鮮に日本と戦う意思はなくなった」という判断以外からは、出てこない。でも、その情勢判断ではたしていいのでしょうか。

手嶋 いいえ、決して良くありません。

とはいえ、政府だって間違うことはあるでしょう。われわれだってあるかもしれない。ここでも、私が一番問題だと思うのは、「政権が避難訓練を中止した論拠に疑義あり」という言説を掲げるメディアがあってもいいはずなのに、カケラもないということなのです。事ほど左様に、伝える側の機能不全は深刻と言わざるをえません。

佐藤 そう思います。

アメリカからの情報は、生かされたのか

手嶋 安倍政権は、二〇一八年六月の米朝シンガポール会談によって、「北の脅威は低下した」と判断して、避難訓練をやめた。それ以前は、米軍の空爆も視野に入れつつ、国民に有事への備えを訴え、「国難突破選挙」にまで打って出たわけです。しかし、こうした決定に際して、アメリカ側からもたらされた情報が、どれだけ正確に日本政府の判断に反映されていたのか。この点も私には非常に気になるのです。もっと言うと、日本にはアメリカからこの問題に関する正確な情報をきちんと入手していたのか、おおいに疑問です。

佐藤 安倍さんが、トランプ大統領とどれだけ本音で語り合えていたのか、ということですね。

手嶋　安倍総理は、トランプ大統領と当時もおびただしい数のやり取りをしていました。対話の回数だけをみれば、世界の首脳のなかで断トツの一位です。ですから、首脳同士の関係がいいのは確かでしょう。当然、国家安全保障の担当レベルのチャンネルも太いと考えるのが順当なところなのです。しかし実際に交わされた情報交換の中身は、どうだったのか、心配です。

ワシントンからもたされるインテリジェンスを分析した結果、北朝鮮に対してアメリカが伝家の宝刀を抜く。つまり先制攻撃をする可能性が徐々に高まっている。だから、Jアラートで国民の注意を喚起しつつ、総選挙をやって、有事に備える必要がある――。そういうことになるわけですが、アメリカからのインテリジェンスにそのように判断できる確定的な何ものかがあったのかどうか。かなり疑問があると思うのです。

佐藤　時として、人は「聞きたいことだけが聞こえる」感じになりますからね。ネットの掲示板などで、ある一つの方向の考え方が急速に支持を集めて先鋭化していく〝サイバーカスケード〟と同じような現象は、国と国とのやり取りのなかでも、起きる場合があるのです。

手嶋　問題は二つあって、「そもそもアメリカがどれだけ日本を信頼して第一級の情報を提供してくれたのか」ということに加え、「それを受け取る安倍政権の側にインテリジェンスを正しく扱う能力と公正な姿勢があったのかが、問われている」ということです。

佐藤　双方の交渉担当者しか知り得ない事実もありますから、それを正確に検証するのは難しい。ただ、後者に問題がなかったとは、言い難いですよね。事実、安倍政権が総選挙で訴えた「国難」とはならず、北朝鮮自ら幕を引く結果になったわけだから。

手嶋　当時、トランプ大統領は「あらゆる選択肢がわがテーブルの上にあり」と発言して、当然、手の内を明らかにはしなかったわけです。そのカードのなかの最右翼である武力攻撃の可能性については、アメリカ側が様々な形で示唆してくる情報から、日本独自の視点で判断しなければなりません。そこが合格点に達していたとは、私にはとても思えないのです。結局、アメリカの言うことの「聞きたいところだけを聞いて」、それを政治利用したということではないでしょうか。

佐藤　ただ、手嶋さん。日本政府の言動に関しては、私はもう一つ別の可能性もあると思っているんですよ。何かの情報を基に、彼らは本気で「アメリカは先制攻撃に出る」と信じたのではないか。それに従って、ある種の「戦時体制」をしこうとしていたのではないか、と疑っているのです。特に防衛省サイドからは、当時そんな気配が濃厚に漂ってきました。単なるプロパガンダではない、「本気度」を感じたのです。

手嶋　私も、いまのお話を全否定するだけの確証は、持ち合わせていません。もしそうだったとすると、わが国のインテリジェンス能力は、本当に由々しき状況にあると言うしかありませんが。

佐藤　いい悪いは別にして、意図的な政治利用ならば、ある意味大したものなのです。意図的にやったのなら、そこからの矯正も可能でしょう。そうではなくて、「クリスマス開戦」を唱えた論者と同じようなことを、政権が本気で考えていたとしたら、おっしゃるように、事態は深刻です。

手嶋　いまの指摘は極めて重大です。非公開の形でもよいと思います。是非とも政府部内に委員会を設けて、情報のプロフェッショナルの手で検証をすべきだと考えます。

第2章

OSを共有する米朝トップが「歴史的合意」を演出した

それは「平昌五輪」から始まった

手嶋　北朝鮮が弾道ミサイルの発射や核実験という軍事的な挑発を繰り返し、トランプ政権が対抗措置も辞さず、と角突き合わせていた状態から、韓国の「仲介」を経て、一八年六月十二日の米朝首脳「シンガポール会談」へ――。この過程を検証しておくことは、東アジアの「これから」を展望するうえでも、不可欠な作業だと思います。

佐藤　そう思います。きちんと検証しておきましょう。

手嶋　米朝関係の変化の兆しが、われわれの目にみえる形で姿を現したのは、同年二月九日、韓国で開催された「平昌オリンピック」の開会式でした。すべては「平昌」から始まった、と言っていいでしょう。世界が注目したのは、一枚の写真です。

前段に文在寅韓国大統領夫妻、マイク・ペンス米副大統領夫妻、安倍総理が座り、一つ上の段に北朝鮮の実質的な政権ナンバーツーである金正恩の妹、金与正氏と、最高人民会議常任委員会の金永南委員長が写っていました。

佐藤　文字通り「米朝接近」を思わせる、象徴的なシーンでした。

手嶋　近くに座っただけではありませんでした。驚くべきことに、この時すでに、北朝鮮側はペンス副大統領に米朝首脳級会談を持ちかけていたんですね。なんとアメリカ側もこの提案を受け入れ、翌日、ソウルの青瓦台（大統領府）で「ペンス・金与正会談」が持たれる運びになっていたのです。

ところが、これもまた驚くべきことに、会談を提起したはずの北朝鮮側が、開催予定のわずか二時間前にドタキャンしてしまいました。ペンス副大統領が、北朝鮮に対するさらなる経済制裁の強化に言及したことなどを理由に挙げたのですが、佐藤さんはこの経緯について、独自の見立てをしていますね。

佐藤　はい。私は、北朝鮮は、初めから会う気がなかったのだと考えています。金永南だけなら問題はないのですが、金与正は「ロイヤル・ファミリー」の一員ですからね。そういう場で「間違える」ことは、絶対にできないわけです。そんなリスクを負わせることは、さしもの金正恩もしないでしょう。

ちなみに、金永南に関しては、こんなエピソードがあります。彼と非常に親しかったロシア人で、ロシア科学アカデミー極東研究所の前朝鮮課長だったワディム・トカチェンコという人がいます。ソ連共産党中央委員会国際部の朝鮮課長でした。そのトカチェンコから聞いたのですが、金永南はトマトジュースにロシアのウオトカを入れたブラディ・マリーが好物で、モスクワに来るたびにいっしょに飲んでいた。ところが、ある時、トカチェンコが冗談で、「親愛なる同志、金永南乾杯！」とやったら、その瞬間に永南の顔が真っ青になり、「お前、何をとんでもないことをいっているんだ」と。要するに、金正日にしか使えない敬称を使うとは何事だ、と激高して否定したというのです。「いまの乾杯は、絶対に受け入れられない」と。

「あの男は本当に慎重だ」というのがトカチェンコの評価でしたが、いまの話でも明らかなように、金永南という人間は官僚中の官僚なんですよ。アメリカもそういうことは重々承知ですから、彼が会いたいという話だったら、関心を持たなかったかもしれません。上意下達タイプの官僚に意思決定はできないし、その権限も与えられてはいないでしょうから。裏を返せば、相手が金与正だったから、「会いましょう」という意思表明をしたのだと思うのです。

手嶋 ならば、最初から会う気のなかった北朝鮮は、どうしてアメリカに会談を持ちかけたりしたのか。外交の現場を経験した佐藤さんの見立ては興味深い。

佐藤 当時、「完全かつ不可逆的な核廃棄がない限り、北朝鮮とは交渉しない」というのが、アメリカの公式見解でした。でも、「交渉」ではなく、「会話」ならどうだろう？ とにかく二国間交渉に持ち込みたい北朝鮮が、そうやってアメリカの意思を確認しようと、オリンピックを利用して「瀬踏み」した。そう考えるのが、一番理に適っていると思うのです。その結果、アメリカは乗ってくることがわかりました。目標は達成したわけだから、後はドタキャンでかまわないのです。そうみていくと、北朝鮮の行動がとても合理的なものだったことがわかります。

手嶋 たしかに「幻のペンス・金与正会談」は、極めて重要でした。北朝鮮の事実上政権ナンバーツーと、副大統領というこちらもナンバーツーの首脳会談が、成立することがわかったのですから。

佐藤 そう。決してすべてが幻となって消え去ったわけではなかったのです。

文在寅を甘くみていた日本

手嶋　実際、そこから首脳会談へ向けての動きが一気に加速します。三月五日、平壌に飛んだのは、文在寅政権で国家安全保障政策を取り仕切る鄭義溶国家安全保障室長でした。金正恩は、その鄭義溶との会談の席で、決定的に重要な発言をします。「完全な非核化」の意思を示して、米朝首脳会談に前向きな姿勢を示したわけですね。

佐藤　韓国が仲介すれば、アメリカは今度こそ交渉のテーブルに着く、という確信があったのでしょう。

手嶋　その「金正恩メッセージ」を携えて、鄭義溶はただちにホワイトハウスを訪れ、トランプ大統領に「首脳会談に応じる意思があるか」と質しました。北に核廃棄を約束させ、朝鮮半島の平和を実現したという成果にこだわるトランプ大統領は、即座にそれに応じる意思を伝え、歴史的な会談が行われることが決まったわけです。当時のトランプ大統領がいかに「前のめり」だったのか。「いいことは早いほうがいい」と、その場で首脳会談の「四月開催」を逆提案していたことをみても、明らかだと思います。

ただし、その合意の発表の仕方は、異例中の異例でした。外交上の合意事項がどのように発表されるのかは、その重大性を測るうえでもとても重要なのですが。

佐藤　当事者は、その成果を強調したいでしょう。

手嶋　「史上初の歴史的な会談」なのですから、それまでの例に倣えば、双方の最高首脳が、もしくはその意を体した報道官が、世界に向けて同時に発表するのが普通です。例えば、七一年七月、ニクソン米大統領の訪中は、一分一秒違わず、北京の当局とアメリカ西海岸にいた大統領とが同時に発表しました。これは外交の常識中の常識なのです。

しかし、「米朝」については、その常識は適用されませんでした。なんとトランプ大統領は、「仲介役」の鄭義溶に「そこに記者団もいるから、ホワイトハウスの軒下で、この事実を発表してほしい」と要請したのです。鄭義溶も驚いたと思うのですが、結局、それに従いました。

佐藤　まさに前代未聞です。トランプ大統領の「異質さ」が、そこにも表れました。しかし、その行動もまた、極めて合理的でもあったのです。

どういうことかというと、大統領がこの問題をホワイトハウス主導で進めようとしても、国務省、ペンタゴン（国防総省）の猛烈な反対が目にみえていました。「いまの段階で、北朝鮮とのトップ会談に応じるべきではない」と。これも外交の常識ですが、首脳会談というのは、双方の事務方の下準備の積み重ねによって、ある程度明確な道筋が描けてから行われるものです。

手嶋　もちろんです。

佐藤　そうしたプロセスをまったく経ていないのだから、リスキーに過ぎる。私は元官僚なので、大統領を羽交い締めにしてでも止めようとするアメリカの官僚たちの気持ちが、痛いほどわかります。

しかし、「第三国」の鄭義溶に先に言わせて、それをその後ツイッターで追認するかたちにすれば、「首脳会談開催に合意」は、既成事実になってしまいます。もう誰も止められなくなるんですよ。

手嶋　したたかと言うしかありません。

佐藤　ところで、ここまでの経緯のなかで、一つ忘れてはならないことがあります。鄭義溶がアメリカ大統領から歴史的発表の代役を任されたことに象徴されるように、米朝対話に道をつけるうえで、韓国・文在寅政権は重要な役割を果たしました。その文在寅を、日本は終始「甘くみていた」という事実です。

手嶋　韓国は朝鮮戦争の休戦協定の当事者ですらない。アメリカと中国、双方との関係もぎくしゃくしている。関係国はそう考えて文政権を見下していた面がありました。

佐藤　韓国の文在寅政権がトランプのような人物と人脈をつくれるはずがない。一七年五月に文大統領が誕生して以降、日本サイドはそういう見方をしてきたわけです。日本のほうが圧倒的に人脈をつくれていると思っていた。ところが、韓国は、トランプからお願い事をされるくらいに深い関係を、短期間で構築することに成功していたわけです。対米ロビイング活動では、いつの間にか先を越されていたのかもしれない。

手嶋　日本は、明らかに「トランプ・安倍関係」が非常に緊密なのに対し、そもそも文在寅は容共政権、反米政権ではないか、とある意味でタカをくっていた。アメリカ・北朝鮮・韓国のあの展開は、やはり想定外だったと思います。そういうところにも、わが国のインテリジェンス能力の問題が顔を出しているのかもしれません。

佐藤　少なくとも、韓国のインテリジェンスと外交の能力を過小評価してはいけないということは、しっかり学習すべきでしょう。

北の〝心眼〟がトランプを射た

手嶋　「歴史的合意」がまとまるうえで、トランプ大統領のリーダーシップというか、独断専行というべきか、とにかく「アメリカの意思」が必要だったのです。ただ、それを引き出したのは、長く核の放棄を拒み続けていた北朝鮮の「方針転換」だったわけですね。そういうふうに、北の独裁者をシンガポール会談に駆り立てたものは何だったのか。それを一言で表現すれば、「殺られるくらいなら対話を」という賭けだったのだと思うのです。

佐藤　そういう感覚は、日本人には理解が難しいのかもしれません。さきほども言ったように、「脅威は意思と能力によってつくられる」のです。アメリカの能力がなくなることはありません。とすれば、脅威をなくすためには、アメリカの意思に手を突っ込むしかない。ほんの少しでもその可能性がみえたのなら、躊躇なく相手の懐に飛び込んでいく。そういう本能は、われわれが想像する以上に研ぎ澄まされているわけですね。生き残りに必死になっている人間だからこその〝心眼〟とでも、言ったらいいでしょうか。

手嶋　そう、危機のなかで磨き抜かれた〝心眼〟が、いまこそチャンスとみてとったのでしょう。従来アメリカには、たとえ大統領でも容易に突破できない意思体系を持つ、政府という存在がありました。ところが、突然変異のように出現したトランプ政権にあっては、既存の官僚組織を無視してかえりみない。これまでの常識が一切通用しないのです。

佐藤　そもそも、いま、アメリカに大文字で始まる〝Government〟があるのかどうか、わからない状態になっています。例えば、一八年七月の米ロ首脳会談の直前、連邦大陪審が、アメリカ大統領選のいわゆる「ロシア疑惑」に関連してGRU（ロシア連邦軍参謀本部情報総局）の高官たち一二人を起訴したでしょう。〝Government〟が機能しているならば、起訴は首脳会談の後にするでしょう。小文字で始まる複数形の〝governments〟が林立しているからそんなことが起こるのです。

そんな状況のなかで、しかしトランプは、ここぞと思ったら強権発動で、“Government”にもっていってしまう。対北朝鮮政策もそれだと思うのです。

手嶋　不安定な土台の上に立ちながら、これまでのルールや常識とは無関係に、目にみえる成果を求めて、我が道を行く。そんなトランプ大統領となら、直談判すれば生き残りの活路が開けるかもしれない——。金正恩がそんなふうに考えたとすれば、残念ながら溜め息がでてしまうほど鋭い判断だったという他ありません。

佐藤　ですから、北朝鮮のことを、単に「何をしでかすかわからない、ならず者」という見方をしていると、大きく間違うのです。

トランプの「強さ」はどこからくるのか

手嶋　国の内外で様々な軋轢を生み、厳しい批判に晒されながらも、トランプ大統領は「我が道を行く」という点で基本的にブレない。それはトランプ政権が「プアホワイト」をはじめとする岩盤の支持層に支えられているからです。それは間違いないでしょう。ただし、同時に、トランプさん自身の内面にあるものが、彼の「強さ」の源泉になっている、というところにも目を向ける必要があるでしょう。それが、米朝交渉でもいかんなく発揮されたし、きたるべき「グレートゲーム」の行方を左右するファクターになり得るわけですから。

佐藤　そう思います。

手嶋　その視点から一つ言えるのは、彼が「反知性主義」の系譜を継ぐ大統領である、ということだと思います。反知性主義というのは、"Anti-intellectualism"で、日本語から受ける印象は「知性がない人たち」になるのですが、それは違うのです。その考え方をごく簡単に言えば、「知性と権威が結びつき、エリートが国の舵取りを担うことに激しく抗う」ということになるでしょうか。

佐藤　一六年の大統領選挙でトランプと大接戦を演じた民主党候補、ヒラリー・クリントンは、「知性と権威が結びついた」典型的な人物と言えます。

手嶋　そうですね。ですから、あれは知性主義対反知性主義の戦いでした。後者が勝利したということが、いまという時代を鮮明に映し出しているのです。

アメリカには、そういった反知性主義の大変太い流れがあるわけです。政治家であれ、経営者であれ、その行動形態はシンプルで、面倒臭い情勢分析や、無駄な知識は必要ない。すべての決断は組織のトップである自分がする。そして、その決断の結果責任は自分が取る――というわけです。

佐藤　トランプ大統領が、反知性主義の申し子であるのは間違いありません。同時に、日本ではあまり注目されないのだけれど、彼はキリスト教プロテスタントの「プレスビテリアン」（長老派）だというのが、とても重要なのです。長老派は、神様は救われる人と滅びる人を生まれる前から決めていて、自分は「選ばれた人間」なのだ、と考えているんですね。神学用語では予定説といいます。だから、どんな試練にも耐え抜くことができるし、耐え抜いて成功させる歴史的使命があるのだ、という固い信念を持っているのです。

手嶋　大統領の言動を思い返せば、納得がいきますね。

佐藤　二十世紀以降のアメリカ大統領で、この長老派だったのは、彼の他には、国際連盟設立に寄与したウッドロー・ウィルソンと、第二次世界大戦中に連合国軍最高司令官としてノルマンディー上陸作戦を決行したドワイト・アイゼンハワーの二人しかいません。いずれも、周囲の誰もが無理、無謀だと思ったことを実行し、成し遂げました。

手嶋　反知性主義者にして長老派。そんなトランプ大統領は、奇妙な使命感に駆られ、誰しもが無理と思っていた金正恩との握手を実現した。

佐藤　自分が正しいと思ったら怯まない。それは、よく言えば頼もしく、打たれ強いのだけれども、悪く言えば傲慢。一歩間違えば危険なのです。

手嶋　指導者の信念が人々を不幸に陥れた歴史も、枚挙にいとまがありません。

トランプと金正恩はＯＳが一緒

佐藤　実は、金正恩のお祖父さんの金日成も、もともとはプレスビテリアン（長老派）なんですよ。

手嶋　えっ、そうですか。ぜんぜん知りませんでした。

佐藤　金日成の両親は、熱心なクリスチャンで長老派なのです。金日成の自伝『世紀と

ともに　第1巻』にこんなエピソードが記されています。

「仕事がきつくてやりきれないと、母は叔母と連れ立って礼拝堂へ行った。松山はいま軍事大学のあるところで、そこに長老教系の礼拝堂があった。南里とその周辺にはキリスト教信者がかなりいた。現世では人間らしい生活ができないので、キリストの教えを守り、せめて来世でも『天国』に行きたいと思うのだった。／大人が礼拝堂に行くときは、子どもたちもついていった。信者を増やそうと、礼拝堂ではときどき子どもたちに飴やノートをくれた。子どもたちはそれをもらう楽しみで、日曜日には連れ立って松山に出かけた。」（『金日成回顧録　世紀とともに　第1巻』朝鮮・外国文出版社、一九九二年）

両親も本心では神を信じていなかったというようなことも書かれていますが、これは無神論的な脚色とみた方がいいでしょう。金日成もプレスビテリアン（長老派）の教会に通っていたという事実が重要です。

手嶋　なるほど。ならば、金日成のなかにも、プレスビテリアンの精神がかなり息づいていて、不思議はありません。

佐藤　そうなのです。「私の教えは、キリスト教の愛の教えと一緒だ」と言っていますから。澤正彦という牧師が書いた『南北朝鮮キリスト教史論』（日本基督教団出版局、一九八二）という神学書に紹介されているのですが、『金日成著作集』には、結構、聖書のエピソードが入っています。例えば、最高人民会議の選挙を日曜日に行おうとしたら、反動的な長老派教会の長老が、「安息日には仕事をしてはいけない」と言った。すると主席が現れて、「イエスの教えをもう一回思い出せ。安息日において、麦の穂を摘む弟子が許されたではないか」と。善行だったら安息日にもできるだろう、というわけです。それを聞いて、「主席様は、キリスト教にもこんなに通暁しておられるのか」とみんな感銘を受けて、粛々と選挙に出かけたとか、そうした逸話がたくさん出てきます。

手嶋　面白いですね。

佐藤　ですから、金正恩も継承する金日成主義には、「われわれは選ばれし民である」「苦難を乗り越え、必ず勝利する」という思想が貫かれているわけですね。正恩が一三年に出した論文集のタイトルは、『最後の勝利を目指して』。やっぱり勝利は決定づけられているんですよ。

要するに、トランプと金正恩はＯＳ（コンピューターを動かす基本ソフト）が一緒。だから話が通じるのだというのが、私の見立てです。

手嶋　面白いだけではなくて、大変重要な指摘だと思います。

佐藤　単なる与太話に聞こえてしまうのは心外なので、なぜ私に両者の関係がそのようにみえるのかをお話しすれば、それは私自身がプレスビテリアン教会出身だからに他なりません。私も、金正恩とトランプと、ＯＳが共通しているのです。他の多くの人たちがウィンドウズを載せているとしたら、われわれはマックで動いている。だから、彼らの言動を承認する、しないは別にして、私と金正恩とトランプの間では、「文字化け」が起きません。プレスビテリアン的な発想がない人には、彼らのやり取りは文字化けして、何のことやら理解不能になってしまうわけです。

手嶋　大変わかりやすい比喩だと思います。佐藤さんも北方領土問題を打開したいと、信念を貫きすぎたために、一時、大変辛い目に遭ってしまったことがありました。(笑)

佐藤　だから、一歩間違えば危険なのです。(笑)

手嶋　その文脈で読み解けば、危機に瀕した朝鮮半島の情勢を変える、そんな共通の歴史的使命を二人が共に担ったことになります。いまは、「自分たちが歴史を動かした」

という高揚感に浸っているのかもしれません。

佐藤　そうですね。聖書に「光の子と闇の子」という概念があるのですが、彼らはお互いに光の子なのです。トランプからみると、知性主義のヒラリー・クリントンなんていうのは闇の子。金正恩にとって、処刑した叔父の張成沢は闇の子なんですね。

手嶋　なるほど。しかしながら、何やら不気味ですね。

佐藤　彼らには、自分と「信念体系」が似ているのか否かが、直感的にみえるわけです。そして、光の子同士を点と点で結んだネットワークができる。わが安倍総理も、トランプにすれば光の子です。安倍さんにも、なんとなく「選ばれし者」という強さを感じるでしょう。他には、ベンヤミン・ネタニヤフ、ウラジーミル・プーチン、このあたりは光の子と認識しているはずです。逆に、アリー・ハーメネイーとかアンゲラ・メルケルとかは闇の子でしょうね。まあ、わが国が「光の子ネットワーク」に入っているのは、短期的にはプラスだと思いますが。（笑）

中国も黙ってはいなかった

手嶋　米朝交渉に向けた経緯に戻りましょう。平昌オリンピックの開会式の直後、韓国を介して米朝首脳会談を持ちかけられた時、金正恩は、少なくとも言の葉のうえでは、核の廃棄に踏み込まざるをえまい、と覚悟していた節がうかがえました。しかし、その後は、「強気」に転じていきました。

佐藤　それをみたトランプ大統領は、首脳会談の延期も示唆した。

手嶋　こうした北の姿勢の変化の裏に中国あり。習近平国家主席と米朝首脳会談前に二回、会談後にも一回、膝詰めで話し合ったことが影響したのは、間違いないでしょう。「新グレートゲーム」の一方の主役としての中国は、すでにこの段階から、朝鮮半島に直接介入していたわけです。

佐藤　北朝鮮が中国にネジを巻かれたというのは、事実でしょう。北朝鮮にしてみれば、首尾よくアメリカと直接交渉の約束を取りつけたとはいえ、先行き何が起こるかわからない。交渉が決裂し、戦争になる可能性だってあったわけです。そのリスクに備えるために、是が非でも中国を巻き込んでおく必要がありました。いくらアメリカから体制維持のお墨付きをもらいたいからといって、中国の言うことを無視することはできないのです。

手嶋 一三年に、金正恩は北京と平壌の「かすがい」を務めていた叔父の張成沢を無残な銃殺刑にしました。その行動に中国首脳が激怒して以来、両国関係は冷え切っていたのですが、米朝首脳会談を控えて、意図して北京との関係の修復に動いたわけですね。そのあたりも、非常に戦略的な立ち居振る舞いと言わざるをえません。

一方の中国にとっても、朝鮮半島問題に対する影響力を保っておくことが、対アメリカという点で決定的に重要ですから、中朝の絆を強める方向に舵を切ったのでしょう。

佐藤 私は、シンガポール会談の後、六月十九日から二十日に金正恩が北京を訪問して行われた、三回目の習近平との会談に注目すべきだと思うのですよ。北朝鮮が事実上運営する日本語のウェブサイト「ネナラ」には、その様子を伝える次のような記事が載りました。

「最高指導者金正恩委員長が習近平国家主席と20日、釣魚台国賓館で再会した。／釣魚台国賓館の構内には、金日成主席が１９５９年10月２日に自ら植えたエゾマツが今日も朝中友好の美しい話を伝えて青々と立っている」

このエゾマツに言及することによって、北朝鮮と中国の関係は建国時、朝鮮戦争時から特別の性格を帯びているのだ、ということを強調したわけですね。北朝鮮一国で米国と交渉するよりも、中国を味方に引き入れて「朝中対米」という図式をつくるのが得策だ、という意思が、こういうところにも透けてみえます。金正恩自身は、すぐれてリアリストですから。

手嶋　そういうところを、見誤ってはいけません。

佐藤　会談の内容については、「金正恩委員長は午餐に先だって、習近平主席と談話した。／朝中の最高指導者の単独談話では、現情勢と差し迫った国際問題に対する慎重な意見交換が行われ、新たな情勢の下で両党、両国間の戦略・戦術的協同をさらに強化していくための問題が討議された」と報じています。要するに、北朝鮮の非核化問題に関して、アメリカとの交渉方針について、戦略・戦術の両面で中朝が協同していく――ということなのですが、こうした方針が三回目の会談ではじめて確認されたというのは、無理があります。一回目、二回目の金正恩の訪中の際に、すでにこうした中身が練られていた。言い方を変えると、北朝鮮は、中国と綿密な打ち合わせを行い、かなり方向性を固めたうえで、アメリカ側とのトップ会談に臨んだのではないかということが、この記事から強く推定できるわけです。

手嶋 まさに、佐藤さんが常々指摘している、相手が出してくるテキストをきちんと読み解くことの大事さを示す分析だと思います。そうした中国とのすり合わせが、後で論じる米朝首脳会談の「共同声明」に影響を与えた可能性がかなりあると思います。

習近平との一連の会談で、金正恩は米朝首脳会談の「成果」について、「もし双方が首脳会談での合意事項を段階的に着実に履行できれば、朝鮮半島の非核化は新たな、重要な局面を開くことになるだろう」と述べました。注目すべきは、北朝鮮の金正恩政権を自ら主語にすえて、「非核化に向けて踏み出す」とは、言わなかったことです。「完全な」とか「検証可能な」とかの表現も、一切使わなかった。そして、そういう北朝鮮のスタンスを裏書きするように、中国が国営通信を通じてまず発表したわけですね。米朝直接対話というミッションに際して、両国が想像以上に緊密な関係を保っていた証左とも言えるのではないでしょうか。

「中ソ」対立時代に倣い、北朝鮮が「米中」を手玉に取る？

佐藤　多くのメディアで語られるような「何を考えているのかわからない、ならず者国家」とは異なる、そうした北朝鮮の戦略的な行動をみるにつけ、いまの平壌外交は、米中の対立構造のなかを巧みに立ち回ることで、自らの利益の極大化を狙っているようにも取れるんですよ。

手嶋　米中グレートゲームの本質を理解し、どちらからも危害を加えられることなく、最大限の利を得よう、と。それも、厳しい環境に置かれた「小国」だからこそ身に付いた、処世術なのかもしれません。

佐藤　実は北朝鮮には、かつて中ソ対立の時代に、「等距離外交」で北京とモスクワを手玉に取ったという「前歴」があるんですね。このモスクワをワシントンに置き換えてみると、北朝鮮の立ち位置が当時と同じであることがわかります。

手嶋 佐藤さんの挙げた「中ソ対立の時代」というキーワードについては、少し説明が必要でしょう。実は「中ソ対立」の隠れた舞台は、朝鮮半島から対ソ国境、とりわけ対中国境の旧満州、現在の東北地方でした。

佐藤 「中ソ対立」は、一般的には、五〇年代後半に、国際共産主義運動の主導権をめぐって、中ソ両大国がイデオロギー上の路線闘争を展開し、六〇年代末にいたって中ソの国境で武力衝突に発展していったと説明されます。しかし、ソ連邦と中国人民共和国の対立は、すでに一九四〇年代の半ばから、旧満州にあったロシアの権益の扱いをめぐって兆し始めていたのです。

手嶋 ご指摘のとおりです。その点でも、ルーズベルト、チャーチル、スターリンが戦後処理を話し合った四五年のヤルタ会談は、戦後世界の行方を決定づける現代史の節目となりました。アメリカ大統領ルーズベルトは、蔣介石の中華民国が対日戦に必ずしも熱意を示さないことにひどく苛立っていました。

佐藤 蔣介石はすでに大戦の終結を見越して、中国共産党との対決が迫っているとして戦力の温存を図ったのでしょう。

手嶋　そうした状況下でルーズベルトは、対独戦が終了して三ヵ月以内にソ連邦が対日戦に参戦するよう約束を取りつけたわけですね。

佐藤　それが、北方領土問題の起点となった「ヤルタの密約」です。

手嶋　したたかなソ連共産党の書記長スターリンが、これほどのディールにタダで応じるはずはありません。

佐藤　そう、スターリンは旧満州と外モンゴルにあったソ連の権益を要求したのでした。これを踏まえて中ソ間には中ソ友好同盟条約が締結されます。

手嶋　この条約でスターリンは、蔣介石の国民党政権の主権を認め、その見返りに旧満州での帝政ロシアが失った権益を取り戻そうとしたのでした。

佐藤　旅順軍港をはじめ旧満州の戦略的な要衝がスターリンの手に落ちることは、やがて日本の頸から逃れる朝鮮半島が、ソ連邦の強い影響下に組み入れられることを意味していました。

手嶋　これは延安に根拠地を築いて力を蓄えていた中国共産党にとっては、国際共産主義運動の大義に真っ向から背く裏切り以外のなにものでもありませんでした。

佐藤　しかし、スターリンの立場からすれば、旧満州が分割され、分裂した中国のほうが御しやすかったのでしょう。

手嶋　その後、毛沢東率いる中国共産党が内戦を勝ち抜いたことは、スターリンには誤算だったのかもしれません。ただ、建国間もない中華人民共和国は中ソ友好同盟相互援助条約を結び、「ソ連一辺倒」を唱えて、ソ連からの援助を取りつけます。この条約は第三国からの攻撃に対して、相互に援護する条項を含んでおり、自由主義陣営に対する安全保障上の盟約ともなったのです。

佐藤　ただ、スターリンは、蔣介石が約束した旧満州の権益を決してあきらめていたわけではない。

手嶋　その通りです。一九五〇年代の中ソ蜜月の時代ですら、対立の芽を孕んで水面下のさや当てが続いていたのです。

佐藤　そして北朝鮮の指導者、金日成は、誰よりも鋭く中ソの水面下の対立を察知していたのでしょう。そしてこの両者を天秤にかけつつ、自主路線を貫いていった。そのD

ＮＡは孫の金正恩にも見事に受け継がれています。

手嶋　私は一九八〇年代の初め、「国際政治の空白地帯」と呼ばれていた中ソ国境にはじめて入境した西側のジャーナリストでした。この時、現地の中国共産党幹部の話から「高崗事件」の真相に触れ「やはりそうだったのか」と思ったことがありました。

佐藤　中国共産党にとってはじめての「反党事件」ですね。

手嶋　一九五〇年代前半のことです。当時、党内の序列が第四位の実力者で、東北の支配者とささやかれていた高崗が「反党連盟」を結成したとして粛清される事件が起きています。この実力者は、スターリンと結んで東北の権益をモスクワに売り渡そうとしたと糾弾されました。その死を含めて真相は深い霧のなかですが、蜜月時代の両国がひと皮剝けば対立の芽を宿していた象徴的な出来事です。

佐藤　この時から数年後には、ソ連が派遣していた核開発の要員を中国から引きあげる事態となり、中ソ関係は次第に険しいものになっていきます。しかし、西側からみれば一枚岩にみえたのです。

実際には、「次に核兵器が次に使われるとするなら、米ソではなく中ソ間だろう」と目されるほど、対立はシビアなものになっていった。その状況で、平壌は北京とモスクワから経済援助や武器援助を得ました。シビアな対立だったからこそ、双方に取り入ることができた、とも言えるでしょう。

手嶋　おっしゃるとおりです。ただし、日本で中朝、ソ中、朝ソの機微な関係を正確にとらえていた人は、ほとんどいなかった。六二年十月のキューバ・ミサイル危機で、人類は核戦争の深淵を覗き見たわけですね。そのキューバ危機のときは、日本はアメリカの同盟国として危機を身近に感じたのですが、中ソ対立については、近くにいながら情勢が十分に理解できず、危機感を共有できていないところがあったのです。

佐藤　あえて紹介すれば、その中ソの間の核の闇をみていた日本人が、少なくとも一人いました。創価学会の池田大作SGI（創価学会インタナショナル）会長（創価学会名誉会長）なんですよ。創価学会のホームページに、こういう記述があります。

「昭和49（1974）年9月、池田名誉会長はソビエト連邦（当時）を初訪問。冷戦のさなかの訪問を決意させたのは、中ソ間の緊張による戦争への懸念だった。『宗教否定の国に、どうして宗教家が行くのだ』という批判に池田名誉会長は『そこに人間がいるからです』と答えた。／ソ連・コスイギン首相との会見に臨んだ池田名誉会長は、単刀直入に聞いた。『ソ連は中国を攻めるつもりはあるのですか』／一民間人からの思いもかけぬ言葉に、コスイギン首相も率直に答えた。『中国を攻めるつもりも、孤立化させるつもりもありません』／同年12月、コスイギン首相の言葉を携え、池田名誉会長は訪中。この時、重い病の床にあった首相・周恩来が池田名誉会長との会見を強く希望した。周総理は、日中友好と世界平和を池田会長に託す。『あなたが若いからこそ、大事につきあいたいのです』／国家や思想の違いを超え、平和へのバトンが手渡されたのである。」

要するに、コスイギンと周恩来の間に池田会長が入って、仲介していた。中ソの戦争の危機があると思っていたからに他なりません。

手嶋　当時としては、極めて少数派ですね。ただし、その洞察の通り、核戦争の直前まで行ったのは事実です。

繰り返しになりますが、そんな状況下で、北朝鮮はまさにその情勢をも徹底して利用しました。そうした歴史的な経緯もきちんと押さえておかなければ、今日の朝鮮半島情勢を正確に読み取ることは、やはり難しいように思うのです。

第3章

韓国を取り込み、アメリカを拘束した

～米朝「共同宣言」を読み解く～

「米朝合意」で北が得たもの、日米が失ったもの

手嶋　中国の「介入」による北朝鮮の姿勢の変化、それに対するトランプ政権の反発など、紆余曲折がありつつも、二〇一八年六月十二日、シンガポールで米朝首脳会談は開かれました。朝鮮半島情勢が目まぐるしく動いた結果、もはや「遠い過去の出来事」のようにも感じられるわけですが、やはりこの歴史的会談、そこでの合意内容は、きちんと検証しておく必要があるでしょう。

佐藤　言わずもがなのことですけれど、外交上のエポックメーキングな事案にとって、「最初に、何をどんな形で決めたのか」が、決定的に大事なのです。

手嶋　例によって、「合意」に対する日本政府の反応、日本のメディアの報道についても、検討したいと思います。

この首脳会談の最大の焦点は、いうまでもなく「北朝鮮の非核化」でした。しかし、

「共同声明」に非核化の「期限」は設定されず、それ故に「行程」も定まらず、そして「検証」の約束も取れていなかった。完全な非核化を実現するために必要な三つの要素が、全部〝バツ〟だったわけです。

佐藤　金正恩は、その後も「非核化を実現する」と口にはしていますが、具体的で明確な道筋は提示していませんね。

手嶋　一方で、北朝鮮はたくさんの果実を手にしました。一つは、とりあえず米軍に攻め込まれる危機は去り、さらに米韓合同軍事演習中止の約束を取りつけることができたという、軍事面での成果です。合同軍事演習中止は北朝鮮にとってグッドニュースですけれど、ある意味それ以上に喜んだのがアメリカの力を殺《そ》いだ中国でしょう。ですから、前に述べたように、この交渉には中国の意思が色濃く反映したとみるべきなのです。

佐藤　その通りです。

手嶋　そして二つ目に、北朝鮮は懸案の資金調達にも成功しました。あろうことかトランプ大統領は、日韓両国から、北の非核化を実現するための資金援助を取りつける仲介役まで買って出ました。もちろん、この「資金援助」のなかには、非核化を進めるためのカネだけではありません。「米朝合意」がなったことで、日本や韓国など関係諸国からより継続的な経済援助を受けやすい環境が整ったと言っていいでしょう。

援助の仕方は、それぞれ違います。国境付近の海上で、北朝鮮船はタンカーを横付けして石油などを移し替える「瀬取り」を繰り返しています。その背後に中国の影がみえ隠れしています。米韓合同軍事演習中止という、中国が安全保障上最も取りたい玉を取ってくれた北朝鮮ですから、見返りを与えたのでしょう。今後も、陰に陽に北への支援を続けていくでしょう。

韓国は、三八度線という軍事境界線が解消されれば、自然に北朝鮮との直接交流が促進されることになります。北朝鮮は、南北が閉ざされていた時代にはなかった経済的なメリットを、享受することになるのではないでしょうか。

佐藤　日本政府は、会談の翌日に「金を出す用意がある」と表明しましたよね。いまのトランプ大統領の「非核化への資金援助」発言に呼応して、菅義偉官房長官が「ＩＡＥＡ（国際原子力委員会）による査察の初期費用の負担はあり得る」と会見で語りました。

手嶋　ちょっと待ってほしいのです。日本は、すでにＩＡＥＡに対して分担金、拠出金を支払っているのです。この上さらに、新たな拠出が必要なのでしょうか?

佐藤 誤解を恐れずに言えば、あれは「日本にも、お金を出させてください」「この件に嚙ませてください」というメッセージなのです。わが国の場合は、拉致問題にかかわる経済制裁があり、当然のことながら、おいそれとそれを解除するわけにはいきませんから。

手嶋 その拉致問題で、安倍政権が是が非でも日朝の首脳会談を開きたがっている。そもそも、トランプ大統領がそうした日本の足元をみた結果の「資金援助要請」だったと、私はみます。

ちなみに、トランプさんは、「アメリカの納税者の金は、北朝鮮にはビタ一文出さない」と発言しています。アメリカ・ファーストの大統領としてはまことに真っ当な言い分で、みんな「あのトランプが言うのだから、アメリカは本当に金を出さないのだろう」と思っている。しかし、実はそこには「裏の話」があるんですね。たしかに、アメリカの納税者のお金が支出されることはないのかもしれない。一方、「民間」は、北朝鮮に虎視眈々と進出の機会を窺っていて、そこにもたらされるアメリカ・マネーが、北朝鮮のありようを大きく変える可能性があるのです。

佐藤　ほとんど指摘されないのですが、これは米朝関係をここまで動かした要因の一つであると言ってもいい。そこについては、のちほど論じることにしましょう。

トランプに命運を握られた拉致問題

手嶋　日本の優先課題である拉致問題は、安倍総理の要請を受けたトランプ大統領によって、米朝会談で取り上げられました。

佐藤　そのこと自体は、評価すべきでしょう。

手嶋　しかし、金正恩が具体的にどういう意向を示したのか、いまになっても曖昧なままです。中朝会談後、日米の首脳会談も持たれていますから、安倍さんはトランプさんに、当然そのことを尋ねたはずです。ところが、その中身が一向に伝わってきませんでした。普通は、たとえ「よくない知らせ」だったとしても、何らかの反応が公になるはずなのですが。

佐藤　私にもよくわかりません。当時は、なんとなく「トランプ大統領が、あんまり踏み込み過ぎなくてよかった」と安堵する空気も感じられましたよね。

手嶋　大統領が、実際に金正恩に対してどういう表現を使ってこの問題を投げかけたのかも、実はよくわかりません。推測すれば、「日本の援助が欲しかったら、拉致問題に関して、いままでのように頑なに『解決済みである』と繰り返すだけでは駄目だ」というニュアンスを伝えたのだと思います。結局、大統領が日本側の考えをあらためて金正恩に伝えたという以外、この問題でもみるべき前進はなかったということになります。

佐藤　トランプは、「日本人拉致問題については、今後も北朝鮮側と協議していきたい」と述べましたが、あえて言えば、私はトランプと金正恩のOSが一緒で波長が合い過ぎたために、日本はかえって面倒な図式を背負い込んだ気もしているんですよ。

手嶋　拉致の情報ルートにトランプ大統領が介在することで情報の流れがより複雑系になってしまったわけですね。

佐藤　そう、拉致問題についての日朝のやり取りの間にトランプが入ることによって、北朝鮮が大統領を、自分たちに有利に交渉を進行させるためのカードに使う可能性が生まれたと思うのです。

手嶋　たしかにトランプが一〇〇％日本の意向を汲んで動いてくれる人物ならいいのですが、アメリカ・ファーストですからどうもそこは疑わしい。

佐藤　そうなんです。拉致被害者に関して、北朝鮮が日本側の到底納得できない回答をしてきたとします。日朝のダイレクトな交渉であれば、事前折衝の段階で「これでは駄目だ」と突き返すこともできるでしょう。ところが、その「不都合な」回答を、金正恩が「あなたから渡してください」と、トランプに託したらどうなるか？

手嶋　なるほど。日本側がその受け取りを拒むのは、難しいでしょう。

佐藤　トランプにしてみれば、「私が責任をもって託されたものを、あなた方は受け取らないつもりか」ということになりますからね。正式な回答として、受理せざるをえなくなるかもしれません。拉致問題でトランプに仲介を頼んだことが、逆に仇になりかけているというわけです。

ですから、日本としては、これ以上この問題をトランプ頼みにするのは危険です。主体的にかかわらなければいけない。政府が日朝二国間での直接交渉の実現を目指すこと、それ自体は正しいのです。

韓国に「貸し」をつくった北朝鮮

手嶋　わが国にとってのもう一つのテーマは、朝鮮戦争の終結ですが、それを論じる前に、米朝首脳会談を受けた報道について触れておきたいと思います。ひとことで言えば、日本のメディアは「共同声明」を正確に読めていませんでした。朝日新聞は、「朝鮮戦争終結盛らず」と見出しに謳ったのですが、声明の文言の裏にある本質を正確にとらえていないと思います。

共同声明には「『板門店宣言』を再確認」と明記されています。米朝会談に先立って行われた一八年四月の南北首脳会談時の「板門店宣言」には、「戦争終結」がはっきりと書かれています。

佐藤　なぜわざわざ「『板門店宣言』を再確認」したのか、というところこそが大事なのです。一九五三年、朝鮮戦争の休戦協定に署名したのは、アメリカ軍主体の国連軍、北朝鮮人民軍、それに中国人民義勇軍三者なんですね。韓国の李承晩大統領は、署名を拒否しました。

手嶋　南北の分断が固定化されることを忌避したからですね。

佐藤　そうです。しかし、南北首脳による「板門店宣言」によって、韓国は晴れて朝鮮半島のこの問題の当事者となったのです。今回、「板門店」を再確認するという形で、さらにその構造を「入れ子」のように、米朝会談の共同声明に取り込みました。声明を読めば、「トランプ大統領と金委員長は次のことを言明する」として挙げられた四項目のうち、他の三項目はすべて「米朝」が主語なのに、この『板門店宣言』を再確認する」の一文だけ「朝鮮民主主義人民共和国は」となっているのがわかります。

手嶋　考えてみれば、「米朝」の共同宣言に「南北」の話が割り込んでくるというのは、やや不自然です。それだけ北朝鮮は朝鮮戦争の終結にこだわっているのです。韓国の文在寅政権も戦争終結には前向きです。一方のアメリカとしては「朝鮮戦争の終結」は、非核化の約束を取りつける最強の外交カードですから、おいそれと差し出すわけにはいかないのです。これが錯綜した「入れ子」の背景になっています。

佐藤　そうまでして、「板門店」を加えたのだと解釈すべきでしょう。その結果どうなったのかといえば、これから進むであろう終戦協定から米朝平和条約の締結へという作業、半島の「安定した平和体制」の構築というゲームにおいて、韓国も正式なプレーヤーに登録されたわけです。結果的に、金正恩は文在寅に「貸し」をつくったことになりますよね。

さらに、この「入れ子構造」には、もう一つの仕掛けが施されていたわけですね。手嶋さんが指摘されたように、南北を拘束していた「戦争終結」を米朝に取り込んだことで、結果的にアメリカもその合意に拘束されることになったのです。

手嶋　その一方で、終戦協定自体は先送りすることで、北にさらなる譲歩を促すことを狙ったのでしょう。非核化の具体策などの点で不十分な声明ではありましたが、そういう組み立てでは、よく考えられていたと言えます。

佐藤　付言すれば、「金正恩が文在寅に貸しをつくった」と言いましたが、見方によっては「借りを返した」とも取れます。トランプがいったん首脳会談の延期を口にした際（五月二十三日）、「板門店宣言」（四月二十七日）のわずか一ヵ月後にもかかわらず、急遽また南北首脳会談が開かれました（五月二十六日）。文在寅が板門店北側まで来て、金正恩と膝詰めで話した結果、米朝会談への流れがもう一回つくり出された。その「お返し」というわけです。

手嶋　日本がこの問題に関与し、自国の利益を実現していくにはどうすべきか。シンガポール会談でも浮かび上がった北東アジアの基礎的な構図を理解しておく必要があるのですが、日本のメディアの報道をみていると心許ないと思います。

佐藤　米朝会談の共同声明に対するメディア報道に関して言えば、これだけ重要で日本の国益にも直接かかわる文書であるにもかかわらず、翌日全文を載せた全国紙が一社もなかったというのが、私には理解できないのです。『日本経済新聞』が比較的詳しかったのだけど、少し端折っていた。後は全紙が要旨でした。ですから、正確な情報を得るためには、「北朝鮮メディア」に頼るしかなかった。（笑）

手嶋　共同声明を読み解くためのインテリジェンスが問われているという、はるかに前段階の話です。

どこまでも不思議な共同宣言

佐藤　シンガポールの共同声明の書式には、もう一つ「普通ではない」ところがあります。「ネナラ」から引用しましょう。

「朝鮮民主主義人民共和国とアメリカ合衆国は、朝米首脳会談の結果を履行するために、可能な早い時期にアメリカ合衆国のマイク・ポンペオ国務長官と朝鮮民主主義人民共和国の当該高位人士間の後続協商を行うことにした」

今後の交渉窓口として、アメリカ側はマイク・ポンペオが指名されているのに、北朝鮮は個人が特定されていないのです。明らかに非対称ですよね。

手嶋　そういうふうに「変わっている」部分には、何か重要な含意があるわけです。

佐藤　トランプ大統領は、これまで幾度となく政権幹部の首をすげ替えてきました。解任もあれば、辞任もあった。でも、外交において責任者がコロコロ替わるようでは、話になりません。今回はポンペオに責任をもって完遂してもらう、という政権の意思を表したのかもしれません。

手嶋　政権内部には、北朝鮮との対話に批判的な人たちが、いまもいます。ポンペオにとっては、自分が交渉窓口だとお墨付きを得たことで、そうした勢力に邪魔されずに仕事ができる立場を確保することはできました。

佐藤　北朝鮮にとっても、メリットがあります。いま話に出た対北朝鮮強硬派、例えばボルトン大統領補佐官などが交渉に直接関与しないというのは、大きな安心材料になりますから。逆に、北朝鮮側の担当者が明記されなかったのは、金正恩自身が実務レベルの話し合いにもかかわっていくという意思を反映したものにも映るのです。

ともあれ、今後の交渉には、アメリカはポンペオが出てきて、北朝鮮側は誰が出るのかわからない。全体として、非常に不思議な共同声明だったのです。

手嶋　ただ、首脳会談後、北朝鮮が「反非核化」の動きを見せたことなどから、なかなか成果を見出せないポンペオに対する批判も、アメリカ国内で強まりました。

実際、ポンペオに任せたところはさして前進がみられませんでした。九月の南北首脳会談でようやく事態が動き始め、二度目の米朝首脳会談を準備するポンペオに出番がめぐってきたわけです。

日本はまだ射程圏にある

佐藤　『独裁の宴』では、北朝鮮の核弾頭ミサイル開発に対する、日米の地政学的な違いについても強調しました。

手嶋　アメリカが許せないのは、ワシントンやニューヨークまで飛来するＩＣＢＭです。逆に言えば、自国に届かない中距離弾道ミサイル開発は北朝鮮に認め、それで手を打つ可能性がある。しかし、そうなれば日本は引き続き北朝鮮の核の脅威に晒され続けることになる――ということでした。その状態が固定化されたら、日本にとっては最悪です。

佐藤　米朝会談の共同声明では、すでに論じたように、非核化への具体的な道筋は示されませんでした。ミサイル開発の中止については、言及さえされなかったわけですね。

手嶋　金正恩は、少なくとも言葉の上では「朝鮮半島の非核化実現」を言っています。九月十九日に開かれた南北首脳会談でも、そうした意向が示されました。その発言通りに、核開発自体が放棄されるのであればいいのですが、事実として今現在も日本は北朝鮮の核ミサイルの射程圏に置かれています。

佐藤　北朝鮮に限らず、非核化には時間がかかります。仮に金正恩の発言通り、そのステップを実行に移したとしても、完了までには一五年から二〇年はかかるというのが、専門家の見方なんですよ。となると、非核化が完全に達成される前に、米朝間で平和条約が締結される可能性が否定できません。朝鮮半島には「和平ムード」が漂っていますけど、そういう現実はみておく必要があると思います。

手嶋　振り返れば、六月の米朝首脳会談の後、北朝鮮は一時「反非核化」の動きをかなり強めました。『ウォール・ストリート・ジャーナル』や『ワシントン・ポスト』が、盛んにそうした記事を書いたのですが、すべて情報機関からのリークです。たしかにそうした兆候がみられたのです。シンガポール会談後の米朝関係の基調が崩れる可能性がゼロではなかったのです。

佐藤　そう思います。現状の話をすれば、私はアメリカの先制攻撃というオプションは、ほぼ消えたと考えています。それは不可逆的だろう、と。ただし、米軍にゴーサインを出すのは、私ではありません。もし、予想と違って不幸な事態になったら、不明を恥じて頭を下げるしかないでしょう。つまり、軍事オプションが発動される可能性は、いまでもゼロではないということです。

朝鮮戦争が始まったら、日本は「一〇〇%」攻撃を受ける

手嶋　いま、佐藤さんは「不幸な事態」と指摘しました。日本にとっての不幸は、可能性は極めて低いとはいえ、万が一米朝が相戦うことになったなら、否応なしに日本も巻き込まれ、国土が戦場になる可能性があるという点です。国連軍の機能が日本に置かれているからです。一七年秋の段階で、あれだけ米朝開戦の危機を言っていたメディアや「専門家」の人たちが、これまたほとんど触れることのなかったその事実も、記録に残しておく意味があると思うのです。

佐藤　横田基地に後方司令部がある「朝鮮国連軍」のことですね。

手嶋　そうです。一九五〇年に勃発した朝鮮戦争は、日本にとって対岸の火事でした。

特需に沸きさえしました。しかし、その後、核攻撃の能力さえ備えるほどになった北朝鮮とアメリカが再び戦闘を交えたら、残念ながら対岸の火事として呑気でいることはできないのです。

佐藤　「日本は、また朝鮮特需で潤う」などと真顔で話す人間がいるのは、本当に困ったことです。

手嶋　簡単に解説すると、朝鮮有事の際に在日米軍が出動しようとしたら、アメリカ政府は日本政府に、その許諾を求めなければなりません。日米安保条約に基づく事前協議制があるからです。米軍基地を貸している日本政府は、主権国家として、その要請にＹＥＳ、ＮＯいずれかの返答をすることができます。在日米軍の参戦にストップをかけることも可能なのです。かつて一度もこの日米の事前協議という伝家の宝刀が抜かれたことはないのですが、これはアメリカにとっては依然、政治的なリスクなのです。

ところが、こと朝鮮半島に関しては、「抜け道」がありました。実は、朝鮮戦争の際に「朝鮮国連軍地位協定」というものが締結されたのです。「朝鮮国連軍」というのは、北朝鮮と戦う多国籍軍のことなのですが、日本もこの協定の一員で、現在も横田に後方司令部が置かれています。そう、驚くべきことに、この協定はいまも生きているのです。

佐藤　さきほどの話にもありましたが、朝鮮戦争は「休戦協定」で止まった状態なんですよ。正式に平和条約が結ばれるまでは、国際法上、戦争は続いている。ですから、その地位協定も効力を失ってはいないというわけです。

手嶋　アメリカに知恵者がいれば、安保条約に基づく事前協議などというまどろっこしいことをせずに、国連軍の協定に基づいて米軍を出動させるかもしれません。そして、そのような体制に組み込まれているからこそ、日本が「第二次朝鮮戦争」に自動的に巻き込まれる公算大、というわけです。

佐藤　協定では、有事の際、わが国は朝鮮国連軍にホワイトビーチ、嘉手納、普天間、佐世保、横須賀、座間、横田の七ヵ所の米軍施設を提供することになっています。ですから、それらに向けて北朝鮮のミサイルのターゲッティングがされているとみるのが普通。攻撃されるほうの身になってみれば、それは容易に想像がつくはずです。

ですから、「朝鮮戦争が始まったら、日本も巻き込まれるかもしれない」ではなく、「一〇〇％攻撃を受ける」と思っていいのです。そうなれば、日本国内で最低でも数百人規模の、多ければ数千人規模の死者が出るでしょう。これは通常兵器の場合で、核が使われたら、犠牲者の数は桁違いに膨らむはずです。

手嶋　そんな、大半の日本人が知らない「恐ろしい」協定についての説明が、突如外務省のホームページに登場したのを、佐藤さんは発見したのですね。

佐藤　やけに詳しい「朝鮮国連軍と我が国の関係について」というページが、唐突に更新されたのです。日付は「平成三十年四月二十七日」になっています。この時期に何をアピールしようと思ったのかは不明ですが、われわれがアクセスできるということは、北朝鮮にも読むことができるということです。彼らも、あらためて熟読したのではないでしょうか。

手嶋　ともあれ、いま論じたことが「歴史の記録」として残ることを、願いたいと思います。

米朝首脳によるシンガポール会談は、かなり問題の多い内容ではありましたが、少なくとも「第二次朝鮮戦争」の危機を一応封じたという点は、評価してもいいのでしょう。

佐藤　いいと思います。

「二〇〇二年宣言」に立ち返るのはやめよ

手嶋　ただし、朝鮮半島の危機を完全に封じ込めたわけではありません。その実現に向けて着実に歩みを進めていかなくてはいけない。当然、日本も当事者としてそこにかかわっていく必要があります。北朝鮮の非核化を達成し、拉致問題を解決し、しかるべき後に半島の平和に寄与するような援助を行っていくというのが基本路線になる。そこで気になるのは、安倍総理が「(二〇〇二年の)日朝平壌宣言を根拠に金を拠出する」と述べている点です。平壌宣言を持ち出すことに、私は一貫して反対してきました。

佐藤　まったく同感です。

手嶋　〇二年当時、ワシントンにNHK支局長として在勤していたのですが、孤立無援で日朝平壌宣言に異を唱え、ずいぶんと批判を受けました。「アメリカ政府の回し者だ」と。でも、あの宣言には、「拉致」の二文字がなく、核ミサイルの廃棄を求める明確な文言もありませんでした。実質的には、核、ミサイル、拉致の三つについて、何も触れていない。にもかかわらず、日本が「人道主義に基づく経済協力」を行うことが謳われていたわけです。

佐藤　拉致被害者の五人が帰国できたことの政治的な意味は大きいのだけれど、日朝平壌宣言に関しては、日本側にとって汚点と言ってもいいものです。

手嶋　そうです。結局、北は日本との「約束」を無視して核開発を進めました。拉致問題も少しも進展しなかった。

佐藤　あの日朝の交渉と、私が外交官時代に携わった平和条約締結をめぐる日露交渉は、共に失敗した二つの外交交渉になるのですが、大きな相違点の一つは、当時対露交渉に従事した人間たちは、ロシア非難というかたちで問題を解決しようとはしなかったということなんですよ。われわれは、われわれを攻撃する勢力に対して、「ロシアを巻き込むな」と言い続けました。対露政策をめぐる外務省内部の抗争にロシアを巻き込んでしまったら、日本の外交官など、かの国から永遠に信用されなくなりますから。その一線を守り切ったからこそ、鈴木宗男さんも私も、いまもロシアの高官たちなどとの関係を続けられているわけです。

一方、そうではなかった外交官による日朝平壌宣言をベースにこの問題を考えるのは、手嶋さんがおっしゃるようにやめたほうがいい。

手嶋 まず、核・ミサイルと拉致の解決に向けた具体的な道筋を、北朝鮮が提示すること。それが日本の譲れないスタンスであることを明確にすべきなのです。でなければ、日本を標的にする北の核・ミサイルの開発費を、戦後の償いだとして日本の納税者が出させられることになってしまいます。

佐藤 やはり、「最初にどんな合意をつくるのか」は大事なのです。しかし「間違えた」以上、それに拘泥することなく、つくり直す作業に取り掛かるべきでしょう。

第4章

日本の援助などいらない!? 北朝鮮が狙うカネとカジノ

6・11シンガポール、もう一つの「変事」

手嶋　歴史的な米朝首脳会談に至る経緯が、やはり従来の常識が当てはまらないことを詳しく分析してきました。「共同声明」に込められた両国の思惑についても論じ合いました。ただし、それは、あくまで「表」のストーリーに過ぎません。実は、トランプと金正恩が顔を合わせたシンガポールでは、その表層にみえた政治の話とは別の地殻変動が、顔をのぞかせていたのです。

変事が起きたのは、米朝会談前日の六月十一日夜です。金正恩が、いまやシンガポールのシンボルとなった高層ホテル「マリーナベイ・サンズ」を突如訪れたのです。

佐藤　普通では考えられないことです。いつ暗殺されてもおかしくないことは、本人が一番わかっているでしょうから。

手嶋　はじめて訪れた国の「夜の街」に出て行くことほど、危険なことはありません。

今回、シンガポールに赴くにあたって、金正恩の身辺には、当然のように最高レベルのセキュリティ態勢がしかれていました。その最たるものは「移動式トイレ」の持ち込みでしょう。関係国の情報機関に一切の生体情報を与えないという決意が、そこから読み取れます。首脳専用機、防弾ガラスを装着した専用リムジーン、厳格な盗聴対策も行われました。にもかかわらず、金正恩は衆人環視のなかで、「マリーナベイ・サンズ」に向かったのです。何らかの明確な意図が込められていた、と考えるべきです。

佐藤 日本のメディアは、「金正恩が夜のシンガポールに出かけた」などと物見遊山的な報じ方もしましたが、まったくナンセンスですね。

手嶋 その金正恩の行動をみた瞬間に、「北朝鮮通」を名乗る専門家、ジャーナリストだったら、気づかなければおかしい。そこには、今後の北朝鮮情勢を一変させるかもしれない重要なインテリジェンスが、埋め込まれていたのですから。

浮かびあがったキーワードが、「カジノ」です。そのホテルの持ち主はといえば、ラスベガスのカジノ王として知られるシェルドン・アデルソン。彼が会長を務める世界屈指のカジノ運営会社、ラスベガス・サンズが手がけたこの建物の心臓部には、単体では世界最大のカジノが鎮座しているのです。重要なのは、カジノ王アデルソンこそ、トランプ政権の最大の資金提供者としても知られた大立者だ、ということなんです。

佐藤　二〇一七年四月二十日の共同通信によると、トランプの大統領就任式開催のために五〇〇万ドル（約五億円）という最高額の寄付をした。一八年四月二十四日の『エルサレム・ポスト』によると、イスラエル建国七〇周年には、大統領の支持基盤である北米のバースライト・イスラエルというシオニスト組織に七〇〇〇万ドル（約七〇億円）寄付しています。

おりしも、北朝鮮では、金正恩の指示のもとで、現在、日本海に面した元山《ウォンサン》にワールドクラスのカジノホテルの建設が進められてもいます。こうした現状と、あの夜の金正恩の行動が無関係だとは考えにくい。

手嶋　「将軍様の行くところ意図あり」なのです。金正恩は、いったいなぜ身の危険を冒してまで、アデルソンの「居城」に出かけて行ったのか。米朝修復の先に大規模カジノリゾート建設という「復興需要」をみていたのでしょう。そのパートナーに頼む人物の施設をあらかじめ「表敬訪問」しておいたと考えれば、合点がいくのです。

核実験場跡地に、燦然と輝く「アデルソンタワー」が建つ光景を思い浮かべてみてください。そんな構想が実現すれば、北朝鮮には、巨額のカジノ・マネーが流れ込むことになるはずです。

佐藤 アメリカのカジノ業界の専門紙『カジノニュース・デイリー』は、一八年七月八日付の記事で、六月にイスラエルのエルサレムで開かれたチャリティーイベントに出席したアデルソンが、「トランプ大統領が韓国と北朝鮮の戦争を終え、私がそこに再び行けることを願う」と発言したことを報じました。「そこに再び」とは、北朝鮮にアデルソンが行くことを意味しています。実は、アデルソンは、朝鮮戦争に従軍しているのです。「今度は戦いに行くのではなく、ビジネスのために行くだろう」と述べたそうです。金正恩と、まさに相思相愛というわけですよ。

手嶋 カジノに北朝鮮情勢を一変させるようなインパクトがあるのか、疑う人も多いでしょう。答えを言えば、「ある」のです。例えば、韓国紙『東亜日報』は、元山のカジノリゾートが年間に稼ぎ出す外貨は五〇〇〇万ドルに上るという、韓国政府の見方を伝えました。日本円で約五〇億円です。それは、北朝鮮では、おそらく一〇倍か、一〇〇倍ぐらい貨幣価値となる。それを考えただけでも、いかに北朝鮮にとってカジノの価値は大きなものなのか、想像がつきます。さらに、様々なカジノ経営のノウハウに長けたアデルソンに開発、運営を任せることができたら、どれほどの利益を生み出すことか。

ちなみに、北朝鮮のカジノ開発には、わが国の「統合型リゾート（ＩＲ）整備推進法」に盛り込まれたような、カジノの面積規制をはじめとして七〇〇項目に及ぶ報告を求められるような規制はまったくありません。

佐藤　用地買収は容易、ギャンブル依存症対策も不要。突貫工事で上物を建設してしまえば、すぐに開業して、建設コストの回収に入れます。

手嶋　安価で非常にスピーディーな開発ができますから、資本の投資効率は抜群です。「戦時」からの復興を急ぎたい北朝鮮にとっても、これほど好都合な産業はないでしょう。顧客はといえば、まず中国の富裕層や役人、国内にカジノはあるものの入場規制がある韓国人、そして日本人のカジノ愛好者と有望な客には事欠きません。

佐藤　その通り。カジノは、北朝鮮にとって、文字通り「金のなる木」になる。

「日本のＩＲ」にもちらつく、アデルソンの影

手嶋　カジノ王アデルソンが北東アジアで攻勢をかけている国は、なにも北朝鮮だけではありません。二〇一七年二月、ホワイトハウスでの日米首脳会談を終えた後、日米の両首脳はフロリダのトランプホテルに場所を移して、じっくりと話し込みました。その席上での非公式なやり取りで、トランプ大統領がアメリカ企業や製品の対日進出を話題にし、安倍総理に「統合型リゾート整備推進法」（ＩＲ法）の成立を促す発言をしたといわれています。

佐藤　それもトランプ流のディール（取り引き）外交ですよね。最近、アメリカのネット・メディアもわれわれの情報を後追いして報道しました。

手嶋　そうです。「そんなに日本製品をアメリカに輸出したいのなら、こちらの言うことも聞いてもらいたい」と。要するに「アメリカのカジノ企業の対日進出を実現してほしい」というのでしょう。アデルソンらに政治資金の面で多大なサポートを受けている

トランプ政権は、「カジノ政権」でもあるのです。カジノの対日進出というのは、日米経済交渉の最優先課題に掲げられていると思います。

そのフロリダの会談で、大統領のサイドは、お世話になっている企業の名前を列挙しました。その筆頭に挙がった名こそ、アデルソンでした。

佐藤　その名を、日本人はほとんど知りませんよね。

手嶋　アデルソン自身も、自ら来日して、IR法推進のキャンペーンを張ったりしていました。IR法は成立しましたし、これからは彼の名を耳にする機会が、増えるかもしれません。

ちなみに、大和証券がシンガポールを参考に弾いた試算によると、北海道、首都圏、大阪にIRをつくった場合、全国に波及する経済効果は、建設が約五兆円、運営に伴って毎年二兆円だといいます。

佐藤　インバウンドそのものだから。

手嶋　ただし、カジノの運営主体としてどのゲーミング会社を選んで応募するのかは、原則として誘致する側の責任です。サンズの他にも、ビジネスとして有望な日本市場を虎視眈々と狙っているカジノ企業は目白押しです。アデルソンが勝てるかどうかは、現時点ではわかりません。いくらトランプさんの強い推しがあったとしても、脛にモリカケ（森友学園・加計学園）問題という傷を負っているいまの政権だけに、軽々に動くわけにはいきません。

佐藤　よけいに慎重になりますよね。中央の政治力は、この問題に関しては働きにくいでしょう。

手嶋　とはいえ、アデルソンがトランプ政権内でどれほど隠然たる影響力を行使しているのか、日本とどれだけのかかわりを持っているのかを知っておくことは、とても重要です。その象徴の一つが、トランプタワーでのはじめての安倍・トランプ会談の翌月に行われた、あの、あっと驚く会談でした。トランプ大統領とソフトバンクの孫正義社長が、同じトランプタワーの居室で、直接会っています。

「会談」を終えて高層階から下りてきた二人は、その日が初対面だったにもかかわらず、テレビカメラの放列の前で肩を組み、あたかも百年の知己のように振る舞いました。まさに「反知性主義」の盟友であることを確認し合ったのでしょう。それまで面識がないのですから、誰かがアレンジしなければ、成り立たない会合でした。実は、その仲介者こそアデルソンだったのです。

佐藤　アデルソンは、一九九五年に彼のＣＯＭＤＥＸという会社をソフトバンクに八億六二〇〇万ドルで売却して、アデルソン個人は五億ドル以上を手にしたといわれています。これは極めて強いというか、特殊な関係と言うしかないです。

手嶋　そうですね。それで、今回はそのアデルソンの力を借りて、大統領に会いに行ったのです。孫さんが、どうしてそうまでしてトランプに会いたかったのか。ソフトバンクグループがアメリカに持つ携帯電話のメガキャリア、スプリントの売却が絡んでいたからです。

孫社長は、頃合いをみて、それを売り抜けたかった。しかし、メガキャリアというのは安全保障関連の案件ですから、ペンタゴンの承認が必要になります。ところが、前民主党オバマ政権の時代には、政府の認可を取ることが叶わなかったのです。次期政権も、ヒラリー・クリントンだったら売却の見込み薄だと思っていたのでしょう。トランプ政権なら何とか突破口が見出せそうだとみて機敏に動いたのでしょう。孫正義氏らしい行動力です。彼にはとっておきのアデルソン・ルートがあったのですから。

佐藤 アデルソンには、少なくともお世話になった人間を大統領に会わせるくらいの力はあるということが、証明されたわけですね。

貧民街から名を遂げたカジノ王

手嶋 アデルソンという大物経済人は、じつにカラフルな経歴の持ち主ですから、いま少しだけお話しておきましょう。

佐藤 今後の北東アジア政局を左右するキーマンの一人ですからね。彼のことをよく知っておいて損はありません。

手嶋 シェルドン・アデルソンは、一九三三年にボストンの下町でウクライナ系ユダヤ人の家庭に生まれました。当時、サウス・ボストンなど下町にはユダヤ系の移民が数多く暮らしていました。アデルソン少年は、『ボストン・グローブ』紙などの新聞を売るライセンスを手に入れて、早くも商売を始めています。なんと十二歳の時のことです。

これまた、ボストンの下町の出身で、後にアメリカを代表するジャーナリストとなる、同じユダヤ系のセオドア・ホワイトがいます。彼も新聞配達をしながら高校に通い、ハーバード大学で学びました。のちにホワイトは『大統領への道』という大著を著わしています。アメリカ大統領が誕生する壮大なドラマを雄渾な筆致で描きあげて名をなしました。この取材のなかで、ホワイトは生まれ故郷のサウス・ボストンを訪ねようとして深い衝撃を受けます。タクシーに乗って「サウス・ボストンへ」といったところ、ドライバーは首を横に振り、そんな危険な地帯には行きたくないと拒んだのです。かつて貧しいながらも、ベーグルを焼く香りが漂っていたユダヤ人街は、麻薬と売春と殺人の街に変貌していた。かつて僕も、インドの外交官を乗せて誤ってこの一帯に迷い込んだ経験があります。「絶対に車を止めるな！　全速で通り抜けろ」と大男の同乗者が叫んだことを忘れられません。地元のならず者に呼び止められたら、命はなかったでしょう。麻薬の売人はみな銃をポケットに入れていますから。

佐藤　それは、非常にまずい状況ですよ。私も外交官時代に、体制変革期のロシアで相当危うい橋を渡りました。（笑）

手嶋　アデルソンの少年時代には、ボストンの下町はすでに無法地帯になりかけていたはずです。彼はそんな街で新聞の販売を手がけ、やがてキャンディーの自動販売機のビジネスに転じています。裁判所の速記官を目指して、地元の商業学校にも通っています。その後、兵役に就き、折からの朝鮮戦争に前線の兵士として従軍しています。北朝鮮とは不思議な縁で結ばれているのです。

佐藤　朝鮮戦争は、第二次世界大戦とは異なり、じつに陰鬱な戦争でした。それだけに、アデルソンは、この地に特別な思い入れがあるのかもしれません。

手嶋　除隊後、ニューヨークのカレッジに入ったのですが中退し、様々なビジネスを手がけています。富豪への道のきっかけになったのは、ラスベガスにあるサンズ・ホテル&カジノを買収したことでした。一九八八年のことでした。これがアデルソンのサンズ・グループの母体となりました。現在は、カジノ都市、ラスベガスとベスレヘムの二ヵ所に加えて、マカオとシンガポールのマリーナベイに巨大なカジノ・リゾートを展開し、世界的なカジノ王となっています。ボストンの貧しい街から身を起こし、億万長者となった立志伝中の財界人なのです。

佐藤　アメリカでも屈指のお金持ちといわれていますね。

手嶋　まさしく、アメリカン・ドリームを体現した人物です。この億万長者は、トランプ政権にとって最大の「タニマチ」の一人なのです。そして、トランプ政権の親イスラエル路線の中心人物の一人でもあります。トランプ・アデルソンの個人的な間柄には、第三者の介入を許さない、極めて緊密なものがあるのです。

佐藤　トランプ政権が続く限り、目が離せない人物と言っていいでしょう。

「二〇二二年問題」が加速させる北のカジノ建設

手嶋　北朝鮮のカジノ建設に、話を戻しましょう。実は、アデルソンたちが北朝鮮や日本に熱い視線を向ける背景には、世界最大のカジノ都市、マカオの「二〇二二年問題」があるのです。

佐藤　マカオは、香港と同様にその主権がポルトガルから中国に返還されました。一九九九年十二月のことでした。これによって、マカオは中国の主権のもとに入りました。

ただ、これも香港と同じく、マカオに特別行政区を設け、「一国二制度」として外交と国防を除いて、かなりの自治権を与えています。ですから、堂々とカジノが開かれている。

手嶋　そう、カジノ都市マカオからは、莫大な富が中国政府に流れ込むのですから、鶏の首を絞めすぎて、金の卵を産まなくなっては困ります。

佐藤　その一方で、中国の中央政府がここに睨みを利かさなければ、習近平政権の反腐敗闘争は、見せかけに過ぎないということになります。賄賂を懐にした中国の役人が、資金洗浄をする格好の場になってきたことは、公然の秘密ですから。

手嶋　そこで習近平政権は、「二〇二二年問題」の外交カードをそっと切ろうとしているのです。マカオも反腐敗闘争の例外でないことを内外に示すため、現在、六つの巨大カジノ企業に認めている営業免許が、二〇二二年までに順次期限切れを迎えるのを機に、新たな入札もあり得ることを、二〇一七年の半ば、マカオ政府に示唆させたのです。

佐藤　つまり、これまで大手の六社が独占してきたマカオの営業権を、他に認めることもあり得るよ、というわけですね。

手嶋　その通りです。現行の枠の六つを維持するとすれば、中国本土から「富くじ会社」などが参入してきたときには、既得権益を失ってしまうアメリカ企業が出るかもしれない。自分の営業権は自動更新されるだろう、と読んでいたアメリカ系のカジノ企業にとっては、青天の霹靂です。

佐藤　習近平政権には、なかなか頭のいい人がいるようですね。反腐敗闘争、北京への更なる上納金のつり上げ、米中貿易戦争を有利に展開する格好の切り札にもなります。

手嶋　別な表現でいえば「一粒で三度おいしい」。営業免許を自動更新してしまえば、この絶好のカードは使えなくなってしまいます。

佐藤　さしものカジノ王、シェルドン・アデルソンも慌てているでしょうね。盟友のトランプが習近平と派手な貿易戦争を繰り広げているさなかですから、サンズ・グループに火の粉が降りかかってこない保証はありません。

手嶋　こうした情勢を勘案してみると、日本ばかりか、北朝鮮にも保険をかけておきたいと考えるのは、経営者として当然でしょう。アデルソンのサンズ・グループが大阪の夢洲などに進出できたとしても、開業は二〇二五年以降になるはず。しかし、北朝鮮なら、さきほども論じたように土地収用の心配もなく、わざわざコンベンション・センターや美術館などをつくる必要もありません。広大なカジノだけつくれば、すぐに儲けることができます。アデルソンは、米朝和平が訪れる日を、いまかいまかと待っているのではないでしょうか。

それは賄賂受け渡しの「装置」でもある

佐藤 賭場では「胴元」が勝つというのが常識です。

手嶋 意気揚々と出かけた客は、いつの間にかスッテンテンになっている。

佐藤 基本的にカジノもそうなのですけど、しかし他のギャンブルにはない「便利な機能」が備わっていることを忘れてはなりません。当該国の役人などに賄賂を渡す場所として、こんなに都合のいい空間はないのです。私は、ソ連末期からプーチンの第二期政権になるまでのロシアで、その現場を目の当たりにしました。「北のカジノ」にも、その仕組みが持ち込まれるはずです。

手嶋　「切った、張った」とは別に、アンダーグラウンドのマネーが行きかっているということですね。どういう仕組みなのか、説明してください。

佐藤　背景から説明すると、過渡期で混乱していた当時のロシアでは、公務員の給料は五ドルくらいでした。一人の生活に月五〇ドル必要でしたから、そのままではみんな干上がってしまう。あえて言えば、賄賂は彼らが食べていくための手段だったわけですよ。五〇ドルや一〇〇ドルの金なら、利権の欲しい商社員だって、情報を取りたい新聞記者や外交官だって、渡すことが可能です。

手嶋　ということは、佐藤さんも経験があるのですね。

佐藤　必要に応じて。ただ、ロシア人はプライドがあるから、金を直接渡そうとしても、最初は絶対に受け取らないのです。だから、みんなカジノができる以前は、エルメスのネクタイだのモンブランの万年筆だの、換金性の高いものを渡していました。しかし、カジノに連れて行けば、そんなまどろっこしいことをしないで目的を達することができる。

「手口」はこうです。カジノにも種類があって、それぞれゲームのルールが違うのですが、どこも入場料は三〇ドルぐらいなんですよ。入ると入場料相当額の換金不能なチップを渡してくれるカジノがほとんどでした。「一緒に遊ぼう」とターゲットのぶんも支払って入場し、彼の持つ三〇ドルのチップを換金可能チップと交換する。これが一番簡単な方法です。もらったほうは、ちょっと遊ぶふりでもして、それらをそのままドルなりルーブルなりに換えてしまえばいいのです。

手嶋　なるほど。カジノの特性を生かした、うまいやり方ですね。

佐藤　カジノの入場料をおごるのは、レストランでおごるのと同じで、違法ではないですから。ひそひそ話をするにも、へたなレストランでやるより、安全性が高いでしょう。でも、そういうやり方に慣れてくると、相手は、直接換金可能チップを受け取ることに抵抗がなくなるのです。そのうち、キャッシュをもらうのも同じだということになってくる。

手嶋　心理的なバリアを越えさせるために、カジノを利用する。人間の心理を、うまく突いています。

佐藤　そういう利用価値があるから、あの時期、モスクワやレニングラードにカジノが林立したのです。

　さっきも言ったように、北朝鮮のカジノも、そういう使われ方をするはずです。北朝鮮は為替管理が厳しいと思いますから、心理的バリアどうこうではなく、あくまでもカジノを通じたロンダリングということになるのではないかと思いますよ。

　はたして核廃棄がどこまで進んでいるのか、真実を知りたいアメリカ、北朝鮮への影響力を強めたい中国、さらに鉄道の整備で利権を得たいロシア、北朝鮮のレアメタルを狙うヨーロッパ……。やっぱり、「顧客」には事欠かないでしょう。

手嶋　賄賂でなくても、不正蓄財した中国のお役人などにとっては、とてもありがたい存在になると思います。彼らは、なんとかお金を海外に持ち出したい。「北のカジノ」で遊んでスったことにするというスキームは、現実性があると感じます。

国家の過渡期に使われる「必要悪」

佐藤　それにしても、カジノはよくできているのです。ロシアのカジノは、飲食がタダのうえに、当時はめったに手に入らないはずのキャビアや、高級ウオトカが山ほど出てくる。キャビアを食べると、ウオトカを飲みたくなります。しかし、飲んでする博打に勝ち目はありません。

手嶋　「投資」は何十倍にもなって帰ってくる。（笑）

佐藤　レースクイーンのような女性をたくさん雇って、「一杯、いかが」とガンガン勧めるわけですね。「カジノに行きたい」などと口にする行儀の悪い国会議員が日本から来た時には、そういう「絶対に勝てないカジノ」にご案内して、オケラにして楽しんだこともありました。

プーチンの二期目の政権になると、そうしたカジノが腐敗の温床になっている、外交工作の舞台に利用されているということで、辺境地域以外は認めないということになりましたけれど。

手嶋　カジノのメリットよりも、デメリットが目立ってきたということですね。

佐藤　ロシアでは、カジノが国の過渡期、転換期に幅を利かせた、という事実に注目すべきです。アメリカにもヨーロッパにもカジノはあるわけですが、少なくともあの時期のロシアにおいては、それは国家体制維持の道具として、なくてはならないものだったのです。過渡期とはいえ、公務員を食べさせていかなければ、国は回りません。しかし、経済は混乱し、制度的に食べさせるのは難しい。では自助努力で、となった時に救済窓口になったのが、カジノだった。

過渡期には、公の処方箋では対応できない状況が必ず生まれます。そこでマフィアが暗躍し、カジノを使ったマネーロンダリングが横行するというのには、ある種の必然性があるわけですよ。ただ要人の懐に入れるだけではなく、買春、麻薬や密造酒などの違法ビジネスで作った金をロンダリングするのにもカジノが使われていました。

手嶋　カジノとは何かというのは、いまのような広い文脈で論じないと、見方を誤ります。

佐藤　北朝鮮も、当時のロシアと同じく、まさしく転換点にありますよね。だから、金正恩の決断には、必然性がある。やはり「唯物論」は正しくて、人は食べなければ生きていけません。そのために、カジノがどうしても必要になるのです。こうした皮膚感覚は、体制転換期のモスクワにいなければ、おそらく身に付かなかったでしょう。

いずれにせよ、いま手嶋さんも言ったように、カジノを単なる博打好きの集まる「迷惑施設」とか、依存症の温床だとかで処理していては、いけないのです。

手嶋 くどいようですが、そういう視点を持っていたら、金正恩がマリーナベイ・サンズに行った瞬間にビビッドに反応できるはずなのです。国や地域社会に従来とはまったく違った仕組みで富をもたらすということも含めて、「カジノの政治経済学」を軽視することはできません。

佐藤 そこは、リアルにとらえ直してみる必要があると思います。

北朝鮮は、「マネー」も学習した

手嶋 核開発で脅しをかけて、ついにアメリカとの直接対話を実現させる。北朝鮮の狡猾かつ戦略的な外交が、そこでは実を結んだわけです。かの国はこの間「マネー」についても相当学習を積んだ、という印象を強くします。せっせと偽札を刷って、といった古典的な「錬金術」を重ねて十数年経て、北もかなりの経験を積んだのでしょう。

佐藤　手嶋龍一著『ウルトラ・ダラー』に描き出された世界ですね。

手嶋　よく考えてみたら、そんな危ない橋を渡るまでもなく、十分に儲けの上がるビジネスがあった。国が「胴元」になるという方法です。長い曲折を経て、そこに思い至ったのでしょう。

佐藤　そういうことだと思います。論じてきたように、「新ビジネス」は、いろいろな意味で北朝鮮にとって有利です。そもそも、北朝鮮が必要としているお金のサイズは、そう大きくはないんですね。国民生活全体を向上させるというのなら別ですが、当面の課題は、転換期において、国に忠誠を誓うエリート層をどう食べさせていくかということになるでしょうから。

手嶋　日本のＩＲの経済波及効果が初期投資だけでも五兆円という試算を紹介しましたが、そんな「大金」は必要ない。

佐藤　北朝鮮の人口は、ざっくり二五〇〇万人とみられていますが、そのうち面倒をみなければならないのは、〇・一％の二万五〇〇〇人ぐらいだと思うんですよ。そうすると、仮に一人に、ひと月一万円を渡すとしたら二億五〇〇〇万円で、年間で三〇億円。

それぐらいの規模でしょう。そんなに無理しなくても、稼ぎ出せる金額です。

手嶋　貨幣価値を考慮すれば、月に一万円あれば、十分やっていけるでしょうね。いまのような分析もあまり目にしませんが、北朝鮮の今後の動向を占う意味でも、非常に示唆に富んでいると思います。

もう一つ、北朝鮮は「送金」についても学んだと思うんですよ。彼らには、苦い思い出があります。二〇〇五年、「黒い銀行」といわれたマカオのバンコ・デルタ・アジアに北朝鮮が預金していた日本円にして三〇億円を、アメリカの財務当局が差し押さえたわけです。三〇億円というのは金額的にはそんなに大きなものではなかったのですが、これは金正日が幹部に贈り物をしたりする時の彼らには非常に重要な預金だった。

佐藤　そう、体制の威信にかかわるものだったんですね。

手嶋　だから、これはどうしても取り戻したい。そこに目をつけたのが、当時アメリカ国務省の次官補で六ヵ国協議の代表だったクリストファー・ヒルでした。預金の凍結解除の条件に六ヵ国協議への復帰などを求めました。北は同意し、ヒルはその手形を切ったのですが、そこから壁にぶち当たります。中国の外為銀行でもある中国銀行を通じて、その三〇億円を北朝鮮に返すという目論見だったのですが、あにはからんや「黒い資金」を取り扱うことを、中国銀行がノーと言ったのです。さしものヒルも、当時の中国と北朝鮮の関係を見誤ってしまった。最終的には、ロシアの銀行に頼み込んで、ようやく北朝鮮にカネを渡すことができたのです。しかし、ずいぶんと時間がかかり、ヒルの信用はすっかり地に堕ちました。

佐藤　当時、六ヵ国協議の日本の代表だった藪中三十二氏（元外務事務次官）の見立てでは、〇五年九月に北朝鮮の核放棄などを盛り込んだ共同声明が出た時点では、彼らはそれに応じる意思があったのだ、と。ところが、その協議とまったく同時進行で、アメリカの財務当局官がバンコ・デルタ・アジアの金正日の口座を凍結し、資金の返還にも時間を要してしまった。

手嶋　対北朝鮮ハードライナーである財務省サイドの強行策が、開きかけた殻を再び閉じさせてしまったのですね。

佐藤　北朝鮮にも読み違えがあったのです。アメリカは、ダブルスタンダードでわれわれを陥れようとしているのだと受け取った。しかし、ヒルをはじめ六ヵ国協議に乗り出している人間たちは、まさかこの時期に財務当局がそんなことをやるとは、夢にも思っていなかったんですね。また、差し押さえたといってもわずか三〇億円程度の話だから問題なかろう、とも考えた。でも、実はそれは金正日の「お財布」で、そこに手をかけて最高権威を侮辱した、という話になってしまったわけです。

手嶋 振り返れば、あそこが重要なターニング・ポイントでした。北朝鮮も、あの一件を経て送金というものの重要性を認識したと思うのです。その後、独自のネットワークづくりの技術にも磨きをかけたはずです。そもそも、国内のカジノで利益を上げれば、送金の必要はありません。そのメリットがいかに大きいかにも、どこかで気がついたのでしょう。周囲が「得体の知れない、ならず者」とみて手を焼いているうちに、北朝鮮は彼らなりの「成長」を遂げていたというわけです。

「北のカジノ」で揺らぐ日本の存在感

佐藤 ここでわれわれがみておかなければならないのは、論じてきた北朝鮮のカジノ建設が、わが国の北朝鮮政策に大きな影響を与えるかもしれない、という冷厳な事実です。「平和国家」日本が、対北朝鮮で行使できる最大のカードが経済支援であることは、論を俟ちません。ただ、日本の北朝鮮への経済支援、技術支援は、実行までに時間がかかります。「外国公務員贈賄罪」などの縛りもあって、北の幹部がその一部をポケットに入れようと思っても、なかなか難しい。おそらく全体の一割も「抜け」ないでしょう。個人的に利を得たい人間たちにとっては、あまり使い勝手がよくないわけです。

それに比べて、カジノ建設は機動性が高い。さきほども述べたように、国が場所を決めて、さっさと工事を進めれば、あっという間に「金のなる木」が完成するのです。

手嶋　一般的に、カジノの建設費用の回収には、どんなに頑張っても五年かかるといわれているのですが、北につくるのだったら、二年くらいでペイするのではないでしょうか。アデルソンは、是が非でも進出したいはずです。

佐藤　北朝鮮にとって、すぐにお金を出せる、出したがるスポンサーがいるというのは、このうえなく魅力的ですよね。日本から額面一〇億円の援助を引き出しても、苦労してそこから抜くことができるのが一〇〇〇万円というのと、カジノを通じて恒常的に一〇〇〇万円が懐に入るのとどちらがいいかは、火をみるより明らかでしょう。腐敗した役人たちにとっては、国家の一〇億円より、自分の一〇〇万円のほうが大事なのだから。

手嶋 しかし、北の高官たちにとって都合が良くても、それは日本にとっては不都合というしかありません。カジノで潤った北朝鮮は、拉致問題であえて頭を下げてまで、日本からお金を出してもらう必要があるのか。そこに、クエスチョンマークが付き始めているとみざるをえないのです。近い将来、「うるさいことを言うのなら、日本からの金など要らない」という状況が、生まれないとも限らない。

佐藤 実際にアデルソンが北朝鮮に出て行くか否かで、みえる景色が全然変わってきますよね。

手嶋 経済制裁の緩和、さらには新たな資金援助という切り札があるから、北朝鮮との交渉回路は決して途絶えることはない――。日本側はずっとそう信じてきたのですが、それが幻想に過ぎなくなる日が来るかもしれません。〝アデルソン・ファクター〟は、かくも甚大な威力を秘めていると心すべきでしょう。

佐藤 ますます問われるのが、日本の外交力です。

手嶋　米朝の交渉の進展で、第二次朝鮮戦争、北の核行使の危険性は、一時に比べ後退しました。だからといって、現時点で北朝鮮に対する日本の姿勢を、いたずらに後退させるわけにはいきません。そうできない事情もあります。いまの〝アデルソン・ファクター〟も織り込みつつ、わが国が北朝鮮問題にどう向き合っていくべきなのか、ポイントはどこにあると、佐藤さんはお考えですか？

佐藤　日本政府は、日朝首脳会談実現に向けて動き始めていますが、二国間で話を詰めていくのと同時に、私はやはり六者協議の枠組みを活性化させることが重要だと思うんですよ。六者協議を、まだ開かれていない東京でやるのです。

手嶋　六者協議を試みるにしても、日本はどんなスタンスで臨むかです。

佐藤　個別二国間同士の安全保障だと、逆に周囲に緊張を生む可能性もあります。ＯＳＣＥ（欧州安全保障協力機構）プロセスのような多国間の不可侵の仕組み、要は北東アジアの集団安全保障体制を構築するのがベストだというのが、私の考えです。日本がイニシアティブを取って、それを形にできれば、この地域の安全保障は、新たなフェーズに進むことができるはずです。

手嶋　それにはかなりの外交力が要るのですが、朝鮮戦争の休戦協定を平和条約へ切り替えるために、六者協議の枠組みを利用してはどうでしょうか。

佐藤　そこが重要だと思うのです。そうやってわが国がイニシアティブを取らなければならない理由は、前にも述べた、日本が置かれた地政学的な位置が問題だからです。アメリカは北朝鮮がＩＣＢＭの開発をやめれば、その核の脅威からは逃れることができるでしょう。しかし、わが国は依然として中距離、短距離の弾道ミサイルの射程内に置かれることになるのだから。

手嶋　朝鮮半島のパーマネントな非核化がたしかに実現するまで、日本外交の手綱を緩めるわけにはいきません。

第5章
夕景の北朝鮮
そしてグレートゲームの日は昇る

「核あればこそ」の北朝鮮だった

佐藤　哲学者ヘーゲルは、『法の哲学』の序章に、「ミネルバのフクロウは、暮れ染める黄昏を待って飛び立つ」という警句を記しました。学問の神ミネルバの化身と考えられていたフクロウは、夜行性であるがゆえに、夕暮れにならないと飛び立てない——。その意味するところは、「学問は、ある出来事が終焉を迎えて、はじめてその真理を知ることができるのだ」ということです。

北朝鮮は、まさに「夕暮れ」なのです。だからこそ、われわれはかの国の来し方行く末について、語れるようになったんですよ。

手嶋　北は本気で核を使う気があるのか、体制内部はどうなっているのか。そもそも金正恩がどういう人間であり、何を考えているのか——。長く私たちが断片的な情報から推測するしかなかった北朝鮮という国の輪郭が、夕暮れを迎えて、ようやくはっきりし

てきました。まさしく黄昏が近づき、「北朝鮮をめぐる諸問題」が終焉に近づいている
ことを意味する、ということですね。

佐藤　その通りです。

手嶋　核も拉致も具体的な成果をみていない以上、引き続き対北朝鮮の警戒を緩めるわけにはいきません。しかし、常に置かれた局面を正しくとらえ、そこから導かれる最善の方策を採用する必要があります。「相手がどう出てくるのか測りがたい状況」から、「具体的な着地点を探す段階」にフェーズが進んだのならば、警戒の仕方も攻め方も、それに見合ったものにしていくべきでしょう。なにより、常に東アジア・太平洋の大局に目を向けることが重要なのです。

佐藤　余計なお世話かもしれませんが、北にとっては大変皮肉なことに、核廃絶という「終焉」を迎えた場合、その存在感は急速に衰えることになるでしょう。逆に言えば、核開発を続けていたからこそ、北朝鮮は世界から注目を浴びていられたのです。

例えば、アパルトヘイトを実行していた南アフリカは、その人種差別政策ゆえに、逆に国際政治で無視できない国家だったわけです。ところが、それをやめて普通の「民主

国家」になったとたんに、国際的な地位は低下しました。リビアもそうです。あれだけのプレゼンスがあったのは、やはり核開発を軸に「ならず者国家」として、精一杯アメリカに盾突いていたからで、核を放棄し、カダフィが殺害された後は、ただの破綻国家になってしまったわけです。

手嶋　北朝鮮が同じ道を辿るというのは、容易に想像がつきます。

佐藤　つまり、国際社会を動かしているのは、基本的に経済なのです。経済と国力というのは、普通は強い正の相関関係を持つはずなのだけれども、例外的に核を持ったりテロを「輸出」していたりすると、その経済力を大きく逸脱して、国際政治におけるウエートが高まることもあるのです。ですから、北朝鮮もその「例外」から外れた瞬間に、経済力相応の、ごく普通の弱小国家に戻るというわけです。

手嶋　ただ、心配なことがあります。金正恩も一時はシンガポール会談で世界中からスポットライトを浴びて、高揚感を覚えたことでしょう。それは、核の衣を纏っていたからなのだけれども、それを脱いで急速に観客が減っていくのを知った時、再び元の路線に戻るリスクがあり得るのではないかと懸念しています。実際、アメリカの度重なる警告にもかかわらず核開発をやめなかったのは、リビアのカダフィの末路を目の当たりにしたから、という見方もあるわけですから。「ごく普通の弱小国家に戻る」という分析を、金正恩に読ませたくないですね。

佐藤 繰り返しになりますが、そういう可能性は、ゼロではありません。北朝鮮にとっては、極めて高いリスクを負うことになりますが。

在韓米軍撤退の目

手嶋 北朝鮮問題が、どうやら終幕に向かい、核ミサイルで攻撃されるような事態は避けられそうだ。たとえそれが事実だったとしても、「やれやれ、ひと安心」とはとても言えない環境に、日本は置かれている——。それが、本書でわれわれが述べたい「主題」と言っていいでしょう。ここから、米朝交渉が「順調に」進展した結果、朝鮮半島に何が起こるのか、具体的にみていきたいと思います。

佐藤 北朝鮮が望んでいるのは、休戦状態にある朝鮮戦争を終結させる「終戦協定」さらには米朝平和条約の締結です。第一回米朝首脳会談の共同声明の中身を、協定として明文化するわけですね。北朝鮮にすれば、アメリカから、名実ともに「あなたの国は攻めません」というお墨付きを頂戴したことになります。

手嶋　それは即、北の強権体制をアメリカが保証することを意味しています。さらに最大の問題は、平和協定が実現すれば、在韓米軍の撤退が現実味を帯びてくることです。

佐藤　在韓米軍は、朝鮮戦争の際に派遣され、そのまま駐留しているわけですから。「戦争状態」が終われば、表向きには、そのままそこにいる理由も必要もなくなるわけですね。ちなみに、前にお話しした朝鮮国連軍も、その存在の根拠を失います。

手嶋　そもそもトランプは、在韓米軍の駐留に気が進まないのです。ジャーナリストのボブ・ウッドワードが一八年九月に出版した、トランプ政権の内幕を描いた『FEAR（恐怖）』には、同一月十九日に行われた国家安全保障会議の会合で、大統領が「アメリカは、いったい何のために自腹を切って朝鮮半島に軍隊を派遣しているのだ！」と喚きたて、ジェームズ・マティス国防長官が「第三次世界大戦を防ぐためです」となだめるシーンが出てきます。細部の正確さはともかく、「トランプのホワイトハウス」の空気はよく伝えています。まだ朝鮮半島情勢が緊迫していた一七年には、「在韓米軍の家族を引きあげさせるつもりだ」という、ツイッターの下書きも作っていたそうです。これには、北朝鮮が「自国への攻撃準備のサインと受け取ってしまう」と国防総省が警告し、それを受けて投稿を見合わせたのだ、と伝えられています。

佐藤　実に生々しい内幕話ですよね。そういうふうに、表面上は順調に事が進んでいるようにみえて、「不測の事態」を引き起こしかねないタネが、そこここに転がっているわけです。

ともあれ、平和協定の締結は、そんなトランプ大統領が在韓米軍を引きあげさせる口実にもなり得るでしょう。日本の懸念はまさにそこで、実際にアメリカ軍が朝鮮半島から退くことになる、言い方を変えると朝鮮半島が丸ごとアメリカの防衛線の外に出る可能性がある、ということです。

序幕は終わり、主役がステージに

手嶋　「アメリカ軍なき朝鮮半島」で何が起きるのか。そこで圧倒的にプレゼンスを高めると考えられるのが、言わずもがなの中国です。われわれは、やがて大陸からの烈風が日本に吹きつけてくる事態を覚悟しておかなくてはなりません。

佐藤　その通りで、北朝鮮問題の終焉は、中国問題の始まりなのです。こういうふうに、歴史の転換点にされる「大きな話」は、ともすれば大げさで荒唐無稽なものとしてとらえられたりもするのですが、いまわれわれが立たされているのは、そんな見方が許されるような甘い状況ではないと私は思うのです。

例えば一八年六月五日配信のロイター（東京）は、「東アジアにおける米国の防衛線が後退し、日本が中国やロシアと直接向き合う『最前線国家』になる恐れがある」と端的に指摘しています。こうした「警告」を、まずは正面から受け止めるべきでしょう。

手嶋　そうは言っても、韓国だって中国に距離を置いている。今後も韓国は一定の防波堤の役目を果たしてくれるのではないか――。そんな期待は、あまりに主観的で甘いものだと思います。冷静に、韓国の立場になって考えてみる必要があるでしょう。

佐藤　アメリカの民間インテリジェンス機関であるストラテジック・フォーカスティン

グ社の地政学のチーフアナリスト、ロバート・D・カプランは、著書『地政学の逆襲』（二〇一二年）のなかでこう指摘しています。

「北東アジアにおけるアメリカ軍の地上兵力が縮小するなか、朝鮮半島は将来的に大中華圏にくみ込まれる可能性が高い」。その理由は、「朝鮮にとっては中国よりも、朝鮮半島を一九一〇年から一九四五年まで占領していた日本への憎しみのほうがずっと強い」「経済の牽引力は、日本より中国の方が強い」ことだ、と。

手嶋　じつに鋭い戦略眼が光っています。

佐藤　カプランは、朝鮮半島の統一に言及していますが、そうならないまでも、軍事境界線という障害が取り払われたら、半島における中国の影響力がどんどん高まるはずです。肝は、やっぱり経済なんですよ。いまでも韓国の最大の貿易相手国は、中国ですからね。

手嶋　ところが、朝鮮半島の情勢を伝える日本のメディアは、いまだに「北朝鮮専門家」に、かの国の内在理論を語らせて事足れりとしています。心配でなりません。

米朝間で偶発的な衝突が起きる可能性は残っていますが、トランプ・金正恩の基調は

「雪解け」の方向に向かっている。その結果、日本が「北よりはるかに手ごわい相手」と直に対峙する事態を想定すべき時に来ているのではないでしょうか。朝鮮半島の戦略環境は明らかに変化しています。だから、新たな視点で情報《インテリジェンス》を集め、分析して、東アジアの安全保障環境が変化していることを伝えるのが本来、メディアの責務なのですが。

佐藤　手嶋さんがさきほど言われた大局にあらためて立つならば、直面している北朝鮮問題というのは、世界レベルの新しいグレートゲームの序章に過ぎない、ということです。では、「本章」の主役は誰かといえば、アメリカと中国に他なりません。

カプランは、「中国は、中央アジアのハートランドに食い込みつつ、リムランド（東南アジアと朝鮮半島を含む）に対しても多大な影響力をもつだろう」とも指摘します。「リムランド」とは、北西ヨーロッパからユーラシア大陸東部に至るユーラシアの沿海部のことで、この概念の提唱者である地政学者のニコラス・スパイクマンは「リムランドを制するものはユーラシアを制し、ユーラシアを制するものは世界の命運を制する」と論じました。

中国が世界に覇を唱えるべくいよいよ立ち上がり、アメリカとの熾烈なゲームが本格化する――。それが「北朝鮮後」にみえてくる世界なのだと思うのです。

「新アチソンライン」で、三八度線が対馬海峡まで南下する

手嶋　これまでも私は、アメリカ外交の主戦場は、北朝鮮にあらず、中国に在りと一貫して指摘してきました。お互いの輸入品に報復関税をかけ合うなど、ノーガードの打ち合いの様相を呈している「米中貿易戦争」も、新しいグレートゲームの文脈でとらえるべきなのです。

佐藤　北朝鮮と違い、中国はワシントンに届くＩＣＢＭを持っているわけですからね。グレートゲームは、対北朝鮮とはまったく異なるステージで戦われることになります。

手嶋　二度目の米朝首脳会談が行われるなら、北のＩＣＢＭの撤去がテーマになるでしょう。もちろん、在韓米軍を退かせるからといって、アメリカが自国の防衛体制を後退させるつもりなど微塵もないはずです。朝鮮半島で中国が勢力を拡大していくところを、

指をくわえてみていることもしないと思います。

佐藤　私は、朝鮮半島で一定の手打ちが行われた後、アメリカが着手するのは、「新アチソンライン」とも呼ぶべき防衛線の構築だと考えています。

「アチソンライン」というのは、一九五〇年に、当時のアメリカ国務長官だったディーン・アチソンが行った演説で提起されたもので、アリューシャン列島、日本、沖縄、フィリピンに沿って、彼らの考える対共産圏の防衛線を引いたのです。ここから東への侵入は許さないぞ、と。

手嶋　その時、朝鮮半島と台湾をラインの外側に置いたのがミソです。

佐藤　そうです。そのことが朝鮮戦争を誘発したというのが、私の見立てなんですよ。アチソン演説を「アメリカは朝鮮半島には介入しない」というシグナルと受け取った北朝鮮は、その五ヵ月後に韓国に侵攻しました。この戦争には、ソ連が深くコミットしていた事実が後に明らかになっていますから、「読み間違った」のはスターリンとみるべきなのですが。

手嶋　当初、「朝鮮戦争ははやる金日成がフライングした」という見方が一般的だったのですが、内実はそんな単純なものではなかったのです。

在韓米軍が撤退した朝鮮半島は再びアメリカの「防衛ライン」の外側に置かれます。その一方で台湾はアメリカの防衛ライン内に収まった。だから佐藤さんは、アチソンラインに「新」をつけたのですね。

佐藤　そういうことです。元祖と新とでは、台湾の扱いが違うのです。

手嶋　アメリカの北東アジア地域における安全保障戦略の変遷が、そこには反映しています。トルーマン大統領は、アチソン演説と同じ年に「台湾不干渉宣言」を出し、そこを防衛線の圏外に置きました。

佐藤　しかし、実際に朝鮮戦争が勃発し、アメリカがそこに参戦するに至って、「台湾海峡防衛」に方針は転換されたのです。そしていまもなお、それは堅持されているわけですね。

結局アチソンの「弱腰」は、ジョセフ・マッカーシーらの攻撃の的となった。そして現在の防衛線ができた。

ちなみにマッカーシーは、「政府関係者に〇〇人の共産党員がいる」といった「赤狩り演説」を行い、ソ連の脅威が増大するという時代を背景に、激しい反共産主義者運動を呼び起こしました。

手嶋　彼の攻撃は根拠が怪しいものだったのですが、その影響力はすさまじかった。イデオロギー論争はときに国際政局を動かす――その典型です。

佐藤　そうです。

話を戻すと、一方で現下のアメリカで朝鮮半島を防衛線から外しても、トランプ政権が潰れるようなことにはならないと思います。アメリカ世論が内向きになっていて、世界の警察官である必要はないと考えているからです。

手嶋　いずれにしても、「米朝の和解」が進めば、朝鮮戦争で一度は幻となった、アメリカの新たな防衛ラインが復活する可能性が出てきました。そうした事態になれば、日本は否応なく、背後に中国が控える朝鮮半島と角突き合わせる「西の端」に置かれることになります。「朝鮮半島の半ばに引かれていた三八度線という境界線が、対馬海峡にまで南下してくる」と言えば、リアルに認識していただけるかもしれません。

佐藤　そういうことになります。

手嶋　時折対馬に行くのですが、韓国・釜山は高速フェリーでわずか一時間あまり。現地の人は気軽に釜山の映画館に出かけたりしています。あの対岸にまで中国の力が直接及んでくることを思うと、本当に安閑としてはいられない気持ちになります。

佐藤　不幸にも、われわれは米中新グレートゲームの最前線に押し出されてしまうのです。今後日本が直面するであろう「脅威」は、そういう性格のものだと考えなくてはなりません。

朝鮮半島に関しては、日本にとって、ちょっと「不吉な」歴史もあります。

手嶋　いまこそ、朝鮮半島の歴史を学び直す必要がありそうですね。

佐藤　日本は、「朝鮮」にある国家だけと戦をしたことはないんですよ。秀吉の朝鮮出兵は、明の征服を目論んで半島に上陸し、朝鮮と明の連合軍と戦いました。日本が攻められた元寇も、実は元と高麗の連合軍だったんですよ。元（モンゴル）に造船能力はないわけですから。必ず中国が関係しているわけです。

手嶋　なるほど。朝鮮半島で中国の影響が大きくなるだけ、新たなリスクも増大するということですね。

佐藤　そういう歴史は、意外に軽視できないのです。いずれにせよ、今後日本の安全保障をめぐる環境が激変する可能性は、かなり高いとみなければなりません。

ゲームの主戦場であり続ける朝鮮半島

手嶋　これは後でも述べようと思うのですが、一時期、表面上は落ち着いていたかにみえた米中関係が緊張を高めたのには、中国の変貌が大きく影響しました。彼らは、経済力の高まりを背景に、「海洋強国」を呼号して、海に競り出す姿勢を鮮明にしたのです。

佐藤　「海洋国家」アメリカとしては、看過できない状況が生まれたわけですね。

手嶋　そのホットゾーンが、ロシア最南端に位置するザルビノ市のトロイツァ港です。北朝鮮の国境に接する戦略上の要衝で、ロ・朝・中のまさに国境三角地帯なのです。

佐藤　さきほどのカプランも、そのホットゾーンに注目して、次のように述べています。

「中国政府は、ゆくゆくは自国にいる数千人の脱北者を北朝鮮に送り込んで政治基盤を築き、そこを拠点として豆満江《とまんこう》地域を経済的に支配する計画である。ここは中国、北朝鮮、極東ロシアが交わる地域であり、また日本の対岸に優れた港湾施設がある」

手嶋　現状では、トロイツァ港の背後一五キロまで中国の国境が迫りながら、中国は戦略の海たる日本海に出口を持てないでいるわけですね。

佐藤　地図をみればわかりますけど、朝鮮半島が大陸を覆うようにして、日本海への道を閉ざしているのです。

手嶋　それだけに、海洋強国を標榜する中国は、明確な意図を持って国家意志として、日本海への出口を求めています。その突破口を拓くために、是が非でも朝鮮半島への影響力を高め、主導権を握りたいと考えているのでしょう。黒龍江《アムール》という物流の大動脈は、ウスリー河を経て、延辺朝鮮族自治州に至り、やがてロシア・北朝鮮の国境のトロイツァ港に――。これこそ習近平の中国が思い描く北東アジアの「三日月の弧」に他なりません。いまの中国が悲願とする戦略の海、日本海への出口を窺う新ルートです。

佐藤　北朝鮮がアメリカとのシビアな対立関係に終止符を打ち、その結果アメリカの防衛ラインが朝鮮半島の南の海峡まで下がってくれたなら、彼らにとっては千載一遇のチャンス到来と言えますね。

手嶋　しかし、もちろん日本もアメリカも、その振る舞いを看過するわけにはいきません。ロシアも、朝鮮半島の戦略的な重要性は十分認識しているはずです。

佐藤　日露戦争の目的は、朝鮮半島を押さえることにあったわけだから。

手嶋　そう考えていくと、「緊張緩和」が進むかにみえる朝鮮半島は、再び別のかたちでホットゾーンになり始めていることがわかります。そこが新グレートゲームの主戦場の一つとなるのは間違いありません。

第6章
38度線が崩れ日本は米中衝突の最前線になる

冷戦期、熱戦への転化を防いだ「緩衝地帯」

手嶋　東アジアで幕があがった「新たなグレートゲーム」の本質を理解するためにも、少し歴史をさかのぼって、第二次世界大戦後の東西冷戦期に何が起きたのかを検証しておきたいと思うのです。かろうじて核戦争だけは回避されたという事実には、やはり重いものがあります。

佐藤　朝鮮半島でも、核の熱戦だけは起きませんでした。

手嶋　第二次世界大戦が終わって四五年にわたって続いた東西冷戦。その間、幾度も核戦争の瀬戸際に立ちながら、なんとか危機は潜り抜けてきた。それゆえ、「冷たい戦争」と呼ばれるようになったのです。

佐藤　ロシアの専門家の観点からすると、それはスターリンの「バッファー政策」が奏功した結果だと言えるでしょう。

ソ連は第二次世界大戦中に、エストニア、ラトビア、リトアニアのバルト三国を連邦に併合しました。これらの国々はいずれも海に面していて、西側諸国との陸上国境がありません。ポーランド、チェコスロバキア、ハンガリー、ブルガリア、ユーゴスラビア、アルバニアといった国々も、同じようにソ連に加盟させるという形での戦後処理は可能だったのです。実際、スロバキアなどは加盟したがっていた。しかし、スターリンは、あえてそれをしませんでした。

手嶋 西側との緩衝地帯にして、直接対決を避けたわけですね。

佐藤 その通りです。付け加えておけば、ソ連はモンゴルも連邦に加盟させませんでした。中国との間にも、緩衝地帯を置くためです。

手嶋 狡猾かつ戦略的です。

佐藤 ヨーロッパのバッファーの国々を「東欧」と呼ぶのですが、例えばオーストリアのウィーンのほうが、チェコのプラハよりも東に位置しますから、これは地理的概念ではなく、政治的概念であることがわかるでしょう。それらの国々は、たまたまそこに位置したのではなく、意図的にその場所に「置かれた」のです。

その旗印が「人民民主主義」でした。例えば、東ドイツにはキリスト教民主同盟もあれば、悔い改めた元ナチス党員による国民民主党もあった。国営のキリスト教出版社も複数あった。ポーランドあたりだと、個人経営のカフェぐらいなら営むことが許されていました。ソ連に比べて、国内政治は明らかに「緩い」わけです。東欧といいつつも、そうした緩さを持つ国々をあえて西側との間に配することにより、直接国境が対峙するリスクを避けようとしたんですよ。

手嶋　そのスターリンのバッファー戦略が、はたして機能するのか。要するに西側の盟主アメリカは、本当にこのバッファーに手出しをしないのかが試される出来事が持ち上がったのは、一九五六年でした。それが「ハンガリー動乱」です。「動乱」ではなく「革命」という表現も、いまはされているのですが。

当時のナジ政権は、フルシチョフの「スターリン批判」を受けて、ワルシャワ条約機構からの離脱に踏み込んでいきました。これに対してクレムリンは、ソ連軍の戦車群を先頭にハンガリーに侵攻し、鎮圧を図ります。

佐藤　余談ながら、ハンガリー動乱を逃れようとした外国人の一団を描いた『旅』というハリウッド映画があります。ユル・ブリンナーがソ連軍の将校をやっているのですが、当時の状況がよくわかる、いい作品です。

手嶋　そのハンガリー動乱と時を同じくして、「スエズ動乱」が持ち上がりました。エジプトを率いるナセルは、スエズ運河の国有化を宣言するのですが、イギリス、フランス、イスラエルが部隊を差し向けてこれを阻もうとしたんですね。しかし、アメリカの反対、国連決議、ソ連の「警告」もあり、兵を引かざるをえなかった。五六年は、冷戦を画する「危機の年」だったのです。

佐藤　たしかに「冷たい戦争」は繰り広げられていたわけですね。

手嶋　特筆すべきは、超大国となったアメリカが、スエズ動乱の対応に追われたこともあり、結局クレムリンのバッファー地帯、ハンガリーには手出しをしなかったことです。建前としてイデオロギーでは鋭く対立しながら、「ソ連の緩衝地帯には武力を行使せず」という黙契が、事実として確認されたわけです。

「集団的自衛権」の活用は、ソ連のアイデアだった

佐藤　ところで、そのハンガリー動乱をきっかけに、現代の日本の安全保障と切っても切れない概念が具体化されていくことになりました。それが「集団的自衛権」なんですよ。

手嶋　安保法制が議論された際にも「争点」になった集団的自衛権は、東西冷戦の産物でした。おっしゃるように日本にもかかわりの深いものですから、ここで論じる意味は、大いにあるでしょう。

佐藤　実は東西冷戦のさなか、われわれは集団的自衛権の議論をほとんど聞くことがありませんでした。西側では、その用語を口にするのが、ちょっと憚られたわけです。なぜならば、それは「ソ連の発想」だったからです。そもそもハンガリー動乱も集団的自衛権行使の例とみなすことができたからです。

ソ連は、一九六八年八月二十日、ちょうどいまから五〇年前に当時のチェコスロバキ

アのプラハに軍事侵攻しました。その行為を「正当化」するのに一役買ったのが、集団的自衛権に他なりません。「社会主義共同体全体の利益のために、個別の国家の主権は制限される」という、時の最高指導者の名を冠したブレジネフ・ドクトリン＝「制限主権論」の根拠を、それに求めたわけです。

手嶋　制限主権論は、七九年のアフガニスタン侵攻の時にも持ち出されました。

佐藤　当時彼らが主張した集団的自衛権は、安保法制論議の時などに語られるそれとは、ベクトルの向きが真逆です。「集団」の利益を守るためには一国の権利を侵害することも辞さず、という考え方をいまの日米の安全保障に当てはめれば、「日本が同盟関係から離脱しようとした場合には、われわれは軍事力を行使して止めに行くぞ」とアメリカが脅しをかける、という構図になるでしょう。

手嶋　日本の安保法制が前提とした「どちらかが攻撃を受けそうになったら、共同でこれに対処する」ではありません。いまの情勢に即して言えば、韓国が太平洋同盟から離脱しようと動いた時には、盟主であるアメリカが武力発動してこれを阻止するという構図です。

佐藤　そうです。当初、集団的自衛権は、そういう文脈で使われたわけです。

手嶋　「集団的自衛権」という用語自体は、一九四五年に発効した国連憲章に明記されていました。ただし、それを巧みに使ったのはソ連で、しかもいま佐藤さんが説明したような文脈で日の目をみたのですね。

ところが、日本の論者、それも安全保障論者、どちらかといえば右派の論者にも、国連憲章の建前に忠実であったために、現実の国際政治のなかでそれがどう使われているのかという観点を欠き、非常に浅薄な議論をする人たちがいました。本当に賢い安全保障論者であれば、「憲法を改正して集団的自衛権行使を認めよう」といった発言を冷戦の最中に行うようなことは、しなかったはずです。戦後のニッポンを国連憲章がどれほどしばっていたか、よく判って興味深いですね。

佐藤　そうなのです。では、なぜソ連がチェコスロバキアへの軍事介入で集団的自衛権を持ち出したのかと言えば、さきほどのハンガリー動乱で懲りたからなんですね。二〇〇〇台の戦車でブダペストを鎮圧することはできましたが、数千人の死亡者、二〇万人といわれる亡命者が出ました。この時は、結果的にアメリカは出てこなかったけれども、一歩間違えば熱戦を誘発しかねなかった。

手嶋　東側陣営には、そういう反省もあったと思います。

佐藤　ですから、「プラハに軍事介入しなければ」となった際に、新しい論理が必要だと考えたわけです。するとソ連のなかに国際法に詳しい知恵者がいて、国連憲章に掲げられている集団的自衛権の行使というかたちだったら、制限主権論を組み立てることができるではないか、と。

ハンガリー侵攻とチェコスロバキア侵攻、その違いは何か？

手嶋　ハンガリーへの武力行使とチェコスロバキアへの武力行使では、理論的な背景が違うという指摘ですね。

佐藤　全然違います。ハンガリー動乱に関しては、理論もくそもなくて、自分たちの思い通りにならない、すなわちワルシャワ条約機構を抜けて中立を宣言するなどという話になったので、このままでは社会主義体制の危機に結びつきかねないと、言ってみれば

闇雲に軍隊を出したわけです。

手嶋　ワルシャワ条約機構軍としての軍事力の行使ではなかった。

佐藤　そう、ソ連軍として入ったのですよ。

手嶋　しかし、日本では両者の比較をきちんと整理して論じられてはいない。

佐藤　ただ、これも歴史の面白いところなのですが、ハンガリー動乱への介入が可能になったのは、実はチェコスロバキアが共産化する前のベネシュ政権のおかげなんですよ。どういうことかというと、戦前のチェコスロバキアというのは、チェコとスロバキアとザカルパチア・ロシアという三地域からできていました。

手嶋　チェコ、スロバキアに加えてザカルパチアですか。非常に複雑で、かつ重要な地域なのでしょうが、これはもう、佐藤さんの独壇場です。

佐藤　このザカルパチア・ロシア地域に住んでいるのはルシン人といって、反スロバキア、反ウクライナ、親ロシア、親チェコという少数民族なのです。昔は「赤ロシア」とも称していたのだけども、そういう背景があるだけに、この人たちは特殊なアイデンティティを持つわけですね。

ところで、さきほども言ったように、スロバキアはソビエト連邦に加盟したがっていました。それを阻止するにはどうしたらいいのかということを、反ロシアのチェコ人たちは考えた。そして、共産化する前のザカルパチア・ロシアを、ソ連に割譲する道を選択したのです。

手嶋　じつに複雑怪奇な情勢だったわけですね。

佐藤　割譲前、ソ連はハンガリーと国境を接してはいなかったんですね。しかし、この地域を連邦に組み入れれば、陸続きとなります。チェコ人は、おそらくソ連はハンガリーに関心を持っているのだろうとあたりをつけた。そことソ連は対ハンガリー国境線を持てたら、スロバキアを併合しようという動きは阻止できるはずだ――と考えたわけです。

手嶋　恐ろしいほどの知恵者がいたのですね、。さしものソ連も国境を接していなければ、ハンガリーに直接戦車を送り込むことはできません。東欧に駐留していたソ連軍を別にすれば、ベネシュ政権のおかげでハンガリーに直に侵攻できたというのは、そういうことなのですね。チェコの思惑も当たり、ソ連へのスロバキア併合も避けられた。とはいえ、後に自分たちもソ連の軍事侵攻の対象になるとは、チェコも思わなかったはずですが。

佐藤　そういうことです。

手嶋　このザカルパチア・ロシアは、正確にはソ連の構成国だったウクライナに割譲されたのですよね。

佐藤　いまはザカルパチア州といいます。ソ連に割譲する時の理屈は、「君たちはウクライナ人だろう。だから同じ民族の国家の一員になるのは当然だ」というものでした。

手嶋　この地域が、現在のウクライナ問題を考える時に非常に重要なのだということを、前に佐藤さんに教えていただき、ウクライナの西部リヴィウを訪ねたことがあります。

佐藤　西ウクライナは、反ロシアなのです。ところが、その一番西のザカルパチア・ウクライナだけは親ロシアで、ロシアの「代理人」の役割を果たすわけですよ。

手嶋　時々の権力の思惑が、後の歴史に色濃く影を落としている。ユーラシア大陸の込み入った地政学は列島に住むわれわれの想像を絶してしまいます。

朝鮮半島に「緩衝地帯」はなかった

佐藤　話を東西冷戦に戻しましょう。さきほど、ソ連が緩衝地帯を設定し、それをアメリカが「黙認」することにより冷戦の構図がかたちづくられていったという議論をしましたけれど、それはあくまでも「ヨーロッパモデル」「北米モデル」であることに注意が必要です。朝鮮半島には、それが当てはまりません。北朝鮮は、もともとソ連の直接占領下で建国されたわけですから。

手嶋　緩衝地帯ではなかったということですね。

佐藤　はい、違います。ですから、朝鮮戦争は「冷戦下の偶発的な局地戦」などではなく、東西両陣営が正面から渡り合う「熱戦」そのものだったのです。

前にも述べましたけど、ソ連崩壊後の情報公開により、この戦争にスターリンが深くかかわったことが明らかになっています。例えば金日成は密かにモスクワに出向き、スターリンに開戦の了解を得ていた。北朝鮮の戦闘機には、多くのソ連兵が乗っていました。三八度線より南は、飛行しなかったのだけど。

手嶋　まさに朝鮮半島を舞台に、米・ソ・中が激突した。このように、冷戦の辺境部では東西の熱戦を生んでいたのです。

一方、ヨーロッパでは緩衝地帯にすら手を出さない黙契のもとに、冷戦構造が次第に固まっていきます。一九五〇年一月の「アチソンライン」の表明を受けて、「アメリカは手出しせず」と読んだソ連が朝鮮半島全域の制圧を狙うのですが、さしものアメリカも、そこが丸ごと共産化される事態を黙って見過ごすわけにはいかなかった。

佐藤　朝鮮戦争の起源をあらためて整理しておきたいと思います。そこにはいくつかの複合した要素が絡まるのですが、大きく言うと、一つは民族自決権の「流行」です。

「同じ民族は一つの国家を持つべきだ」という考え方が、統一を標榜する戦争のエネルギーになったわけです。

手嶋　いま、いみじくも佐藤さんは「流行」という表現をされました。「民族自決権に基づいて、同じ民族は同じ国家たるべし」というのは、ユダヤ人でナショナリズムの研究者アーネスト・ゲルナーの『民族とナショナリズム』（一九八三年）を引用して、以前から佐藤さんが指摘していることですね。実はつい最近になって出てきた概念なのですね。たしかに歴史をさかのぼっていくと、古くから「同一民族、必ずしも同一国家にあらず」というケースが数多く存在します。

佐藤　その通りです。ゲルナーは、民族があるからナショナリズムが生まれるのではなく、ナショナリズムという運動の過程で民族が生まれると見抜き、ナショナリズムという概念が極めて歴史が浅いことを指摘しました。

手嶋　しかし、わりに多くの人々が、ナショナリズムというものは長い歴史と伝統がある——そう思い込んでいる節があります。特に日本は、列島に暮らす民族ですから、そう思い込みやすい環境にあります。

佐藤　同一性が高いですから。でも、こんなに同一性が高いのは、世界では例外的です。

手嶋　韓国に関して言えば、「自分たちは一つの国家であるべきだ」という考え方が特に強く出たのは、とりわけ、金大中政権、近くで言えば盧武鉉政権がそうでした。そして、もちろんいまの文在寅政権も民族統一志向が極めて強い政権と言えます。

佐藤　そうしたナショナリズムというものは、特にイデオロギーがなくなった時代において強化される傾向にあるのです。

　朝鮮戦争を招いたもう一つの要因は、さきほど論じた「スターリンの地政学」です。彼らも海洋進出を狙っていた。この発想、志向は、実は日露戦争の時のロシア帝国と、非常に連続性が高いんですよ。

　第二次世界大戦終結後、四五年九月二日にスターリンが「勝利演説」をするのですが、そこで彼は日露戦争の敗北に触れ、次のように述べました。

「それは、我が国の上に汚点をとどめた。わが国民は、いつの日にか日本が粉砕され、汚点が払拭される時が来ると信じて、待っていた。われわれの年長者たちは、四〇年の間、その日を待ちわびた。そして、その日が到来したのである」

では、その日露戦争は何が目的だったかといえば、朝鮮半島を押さえることでした。

手嶋 スターリンが朝鮮戦争にどんな思いを込めていたか、よく伝わってくる演説ですね。

海洋国家アメリカの本能

佐藤 要因の三つ目は、前にも説明したアチソン演説です。それがスターリンの地政学を朝鮮半島に引っ張り込む役割を果たしてしまった。ただし、アチソン演説の根っこにあったのは、海洋国家たるアメリカの地政学なんです。すなわち、海洋国家としての防衛線を日本列島と沖縄とフィリピンに引いたのです。

裏返して言えば、台湾は中国の付属諸島だから、海洋に入ってこない。大陸国家の一部だとみたわけです。そういう意味では、「一つの中国」になるのです。また、当時の朝鮮も半島であり、海洋ではない。だから、これも防衛ラインには含めませんでした。

手嶋 半島国家というのは、大陸国家の延長ですから。

佐藤　ベースの部分は、十九世紀末のアメリカ海軍軍人で、海洋の国家に与える影響力を重視して理論化したアルフレッド・セイヤー・マハンの「マハン理論」に基づいて、戦略化されているわけです。その意味において、アチソン演説というのは、アメリカの海洋国家としての地政学として、自然なものだったとも言えるんですよ。しかしそれが、ソ連に対して「朝鮮半島までは大陸国家だから、進出しても構わない」という危険なシグナルになってしまった。

手嶋　「二つの中国」というのは、たしかに地政学の視点からその通りなのですが、その後、東アジアの政局で死活的に重要なキーワードとして浮上してきます。国民党の軍事指導者でもあった蔣介石は、抗日戦に勝利後、中華民国憲法を制定するのですが、中国共産党との内戦に敗れて台湾に逃げ込みます。しかし、当時の中国は、すでに勝敗が決したと台湾にはあまり高い関心を示してはいなかった節がうかがえます。「死活的利益」となるのは、朝鮮戦争以後のことです。

佐藤　付言すると、そもそもサンフランシスコ講和会議に、なぜ中国の代表が呼ばれなかったのかというのも重要な点です。米ソの対立のせいだったように理解している人も多いのですが、そうではなくて、背後にあったのは米英の対立だったんですね。つまり中国と台湾と、どちらに代表権を与えるべきかで、合意することができなかったわけです。イギリスは毛沢東政権を承認していたし香港を抱えていましたから、中国に代表権を認めるべきだと主張し、共産主義の拡張を恐れるアメリカは、台湾を推した。
実は、米国務省のなかには「北京でもいい」という意見もあったのです。しかし、さきほどのマッカーシーの登場によって、そうした空気が決定的に変化します。マッカーシズムによって、アメリカは台湾に過剰にコミットメントすることになってしまいました。

手嶋 死せるマッカーシー、中国、アメリカを走らす――というわけなのです。

韓国は「島国」だった

佐藤 いま、アメリカは海洋国家であり、中国は大陸国家であるという話をしました。では、韓国の地政学的な位置付けはどう考えればいいのかという点で、多くの場合、誤解があるように思うのです。結論を言えば、三八度線という軍事境界線が引かれて以降の韓国は、半島国家ではないのです。

手嶋　またしても斬新な切り口ですね。そう考える理由を聞かせてください。

佐藤　半島国家というのは、海洋国家と大陸国家の両方の要素を持ち合わせています。北朝鮮は大陸と接し、海にも面していますから、半島国家です。しかし、韓国は違います。三八度線の軍事境界線があるがために、大陸に出ることができません。地政学的には「島」。ですから、紛れもなく海洋国家なのです。

手嶋　じつに面白い論点です。東アジアをみる視点が大きく変わります。

佐藤　ですから、五三年の朝鮮戦争休戦協定後の韓国は、島国的な価値観、海洋国家的な価値観で、国の発展を図ってきているのです。地政学的に、そうせざるをえなかった。そのことは、日本にとっても大きな意味を持っていて、海洋国家だったからこそ、韓国は日本やアメリカと共通の価値観が持てたということも言えるわけですよ。言い方を変えると、軍事境界線があったからこそ、日米韓という枠組みが疑問なく成立していました。

ところが、統一とはいかないまでも、軍事境界線を気にせず北に行けるようになると、韓国の地政学的な立ち位置は激変します。物流は直接大陸とつながるし、パイプラインも直接引くことができます。中国やロシアとのつながりが、かつてないほど強まるでしょう。韓国は、急速に大陸国家の色を深めていく。これも必然なんですね。

手嶋 お話を聞いていると、地球儀に描かれた朝鮮半島に惑わされて、知らずしらず「韓国も半島の一部」と思い込んできたように感じます。あらためて、地政学的なとらえ方の大事さを実感しました。

佐藤 その地球儀をぐるっと回してみると、やはり半島ではトラブルが起きやすいことが見て取れます。「ヨーロッパの火薬庫」と呼ばれ、第一次世界大戦の発火点にもなったバルカン半島は典型で、いまも火薬庫のままでしょう。ユーゴスラビア情勢が最終的に安定するなどと、誰も思っていないわけです。アジアでも、イギリスからの独立後も軍政がしかれ、最近まで政治的混乱が続いたミャンマーは、インドシナ半島に食い込んだ広い意味での半島国家と言えます。

こうした半島が抱える問題は、さっきも言った、海洋的な要素と大陸的な要素を併せ持つという特質に起因します。その要素は、イーブンで安定するということはなくて、常にどちらかにシフトしていこうとする。巨大な大陸国家と海洋国家の影響を受け、時として草刈り場になっていくわけです。

手嶋　半島国家北朝鮮は、いままさにそういう大きな転換の渦中にあるということになる。現下の「北の非核化」もそうした視点でとらえると、われわれの眼前に広がる光景も異なるものにみえてきます。

五年遅れで始まった「アジアの冷戦」が終わる時

佐藤　ここまで手嶋さんと論じてきての最大の収穫は、東西冷戦がいつから始まったのかという基点が、ヨーロッパと北東アジアでは異なることを自分のなかで再確認できたことです。

手嶋　そう、冷戦のスタートは東西で違うのです。

佐藤　ヨーロッパの冷戦は、一九四八年のチェコスロバキアの二月事件から始まったと言っていいでしょう。アメリカが発表したヨーロッパ経済復興計画「マーシャル・プラン」をいったんは受け入れたチェコスロバキアが、ソ連の圧力でこれを撤回した。そして、一九四八年二月の無血クーデターで共産党政権が誕生するわけです。

手嶋　「マーシャル・プラン」は、アメリカがヨーロッパ諸国に大規模な経済援助を行うことで共産主義勢力の浸透をブロックするという、「封じ込め政策」の一環だったわけですが、逆にそれが共産党政権の誕生を促した面もあったのです。衝撃を受けたチャーチルは、英・仏のほかベルギー、オランダ、ルクセンブルク五ヵ国を組織して、ブリュッセル条約を締結し、集団防衛体制を築きました。後にこれが、西ヨーロッパ連合、さらにはアメリカなどを加えた軍事同盟、北大西洋条約機構（NATO）へと発展していったわけです。

佐藤　しかし、東アジアでは朝鮮戦争という熱戦が展開されました。朝鮮戦争休戦協定が結ばれたのは五三年ですから、「東アジアの冷戦」は欧米から五年遅れで始まったと理解すべきなんですね。そして、ヨーロッパとは違い、今現在も冷戦構造が維持されている。そこも正しくみておかなくてはなりません。

手嶋　最近、安倍総理は演説で「北東アジアから戦後構造を取り除く」と言っています。必ずしもその真意は明らかではないのですが、おそらく「冷戦構造を終わらせる」という文脈で言っているのでしょう。そうならばストレートにそう表現すべきだと思います。

佐藤　トランプと金正恩の手によって朝鮮戦争終結が正式に宣言されるというのは、はじめて北東アジアにおけるその冷戦構造がなくなることを意味します。東アジアに残っていた冷戦構造に終止符が打たれようとしているのだから、いまわれわれの眼前で起きているのは、「ベルリンの壁崩壊」に匹敵する事態だということになるでしょう。

冷戦には、冷戦というゲームのルールがあります。そのルールが大きく変わる可能性に直面していることは、しっかり認識する必要があると思うのです。

手嶋　眼前の事態の本質も、そのように歴史の文脈にすえてみて、はじめてみえてくるものなのでしょう。「三八度線の崩壊」の先にあるのは、日本が最前線に置かれる「米中グレートゲーム」です。その覚悟を固めるべき時に来ています。

第7章

戦略なきトランプ
日本に「カード」はあるのか

「集合的無意識」で動くトランプ

手嶋　グレートゲームの主役であるアメリカと中国は、いま何を考えているのかに論を進めることにしましょう。

アメリカは、韓国の「島国」から「大陸国家」への変化、その意味するものを薄々気づいているのでしょう。しかし、その理解の深さが問題なのです。冷戦期のアメリカには、ジョージ・ケナンが提唱した「ソ連封じ込め」のような戦略構想がありました。それがどれだけ機能したのかは議論が分かれるところですが、明晰でスケールの大きな戦略だったことは確かです。

では、二〇一〇年頃を境に「海洋強国」を志向して台頭した中国に対して、アメリカは「中国封じ込め」のような戦略を持っているのでしょうか。朝鮮半島を主戦場に戦われる新グレートゲームで、いまのアメリカが骨格の大きな戦略を持っているのか。答えは明らかに「ノー」でしょう。

佐藤　とても重要な指摘だと思います。おっしゃるように、トランプ大統領には、戦略がありません。では、彼は何に衝き動かされているのかというと、ユング心理学の言葉を借りれば「集合的無意識」ではないかと思うのです。簡単に言うと、「個人の意識の領域を超えた民族などの集合の持つ無意識」です。

例えば、米中間にこれだけの矛盾がある以上、いつかどこかでぶつかることは、心の奥底ではみんなわかっているわけです。トランプは、ある意味何も考えずに走ってきたのだけれど、結果的にそういう大きな文法には従っているんですよ。だから、いまのところ決定的な問題を起こしてはいない。

手嶋　ただ、中国も参戦している新グレートゲームをどう戦うのか、文法に則ったテキストを持っていないのは、どうにも危ういと言わざるをえませんね。

佐藤　そう思います。戦略に基づいた行動ならば、軌道修正が可能です。しかし、無意識で突っ走っている場合には、もしかするとそれができないかもしれない。

「午前九時になったら、必ず窓を開ける」という深層催眠にかかった状態を想像してみてください。普段はそれで齟齬をきたすことはないのですが、彼は寒かろうが土砂降りだろうが、時間が来れば窓を開けてしまう。「なんでそんなことをするのだ？」という問いには、「いや、ちょっと息苦しかったから」とエクスキューズをつけるのみで、閉めようとはしないのです。そういう危うさは、この政権が続く限り、つきまとうことになるのではないでしょうか。

手嶋　大きな戦略はない。さりとて、実際に世界を動かしているのは事実ですから、一時の旋風に過ぎないと一刀両断に切って捨てることもできません。アメリカで起きている地殻変動が異形の大統領を生んでいる。その現実を見逃すわけにはいきません。

米ロにも米中にも「協力防諜」はある

佐藤　ただ、トランプ大統領の肩を持つわけではありませんが、東西冷戦期のゲームのルールは単純だったわけです。お互いに「あいつらが間違っている」という論理で正面から対抗すればよかったのですから。だから、いまに比べれば「封じ込め」のような大戦略を立案しやすかったということは、言えるかもしれません。

ところが、いまはルールが複雑化というか、錯綜しているんですね。例えば、二〇一八年七月十六日、ヘルシンキで行われた米ロ首脳会談後の共同記者会見で、ロシアのプーチン大統領は、「サンクトペテルブルクで計画されていた大規模テロを、CIA（米中央情報局）の情報提供により未然に防ぐことができた」と語り、トランプ大統領に謝意を示しました。両国間でコレクティブ・インテリジェンス＝「協力諜報」の体制が築かれていた証です。

手嶋　なるほど。冷戦期にはあり得なかった協力の在り方ですね。

佐藤　国際関係が、単なる「敵」と「味方」の二文法では理解できない、複雑系になっているわけです。

協力諜報で思い出したのですが、二〇一七年七月に、日ロ間でこんな出来事がありました。北方領土の元島民の日本人が墓参に出かけた際、同行した政府関係者やメディア関係者の衛星電話が没収されたんですね。原因は、一週間前に日本の国会で「北方領土問題等解決促進特別措置法」が改正されたことにありました。これにロシアが猛反発したのです。日本は、法律を改正して北方領土の実効支配強化を目論んでいる、と。

手嶋　北方領土にやってきた日本人たちの電話を取り上げたのは、それに対する抗議だということですね。

佐藤　そうなのですが、これは完全にロシアの誤解なのです。法改正の目的は、国と北海道が拠出するいわゆる「北方基金」の取り崩しを可能にするというもので、単なる金利低下による運用益減少への対応策なんですよ。そのままだと、地域振興に回る金がなくなってしまうから。

ところが、そういう説明をいくら外務省がしても信用されず、ロシアはエキセントリックな行動に出たわけです。でも、外交官の持ち物を没収するなどということは、相手国に対して喧嘩を売るような振る舞いですからね。

手嶋　外交にとって、誤解ほど恐ろしいものはない。

佐藤　おっしゃる通りで、こういうふうに日本側にまったく「腹」のないことが、相手に間違って伝わって事態が複雑化するというのは、馬鹿馬鹿しいだけではなく危険なのです。そこでの交通整理は、インテリジェンスにおいて非常に重要で、少なくとも米ロ間では、これだけ関係が悪くなっているにもかかわらず、そういう危険を避けるだけの協力体制は築けているということです。おそらく、米中間でも、そこはできているはず。

手嶋　そうすると、いまの北方領土の事例は、余計に深刻に思えますね。いまの日ロ関係には誤解を防ぐ有効な手だてがなく、大丈夫なのかと思ってしまいます。

佐藤　ルールに即して国益を主張し合い、そこである程度の軋轢が生じるのは、仕方のないことでしょう。そうではなくて、つまらない誤解で関係悪化を招くなどということは、あってはいけないのです。

あえて申し上げておけば、グレートゲームの勃発で、日中関係はいままで以上に緊張する局面が生じるかもしれません。そうである以上、中国ともしっかりした協力防諜の仕組みを構築しておくことが、非常に大事になると思うんですよ。お互い無用の紛争を招かないために。

中国の海洋戦略は行き詰まる？

手嶋　その中国ですが、アメリカの「対中国観」という観点からすると、歴史的には二〇一〇年前後が分水嶺でした。冷戦構造が崩れても、それ以前は中国への「警戒心」は、さほど強くはなかったのです。クリントン民主党政権の高官を務めたジョセフ・ナイが、「中国は主敵ではない」として、対決するのではなく、アメリカの側に包み込んでいけばいいと「関与戦略」を提唱したのは、その典型でした。しかし、いまやナイのそうした論考を引用する人はいないでしょう。中国に対する見方はずいぶんと厳しいものに様変わりしています。

佐藤　その通りですね。

手嶋　アメリカが見方を転換したのは、前にも話したように、中国のむき出しな「海洋進出」にありました。彼らは、南シナ海の南沙諸島の岩礁を埋め立て、人工島を造るようなことまでやったわけですね。

佐藤　それは間違いないでしょう。ただ、私は中国がいま推し進めている海洋国家戦略がいかなる思考の下に実行されているのか、よくみておくのが大切だと思うのです。中国は、海洋国家理論はあるものの、海洋国家化してはいないのです。本来、海洋国家が外に出て行く時の基本戦略は、ネットワークの構築です。

手嶋　かつての大英帝国のように。

佐藤　そうです。例えばアデンを支配しても、イエメン全体を占領しようとはしない。港湾があるアデンだけで十分だと、そこを保護領にしたわけですね。オマーンも、首都のマスカットにしか興味がなかった。そうやって、ポイントを押さえてネットワーク化していくというのが、海洋国家の本能なのです。

ところが中国は、サンゴ礁の上に人工島を建設して実効支配し、海域を面で押さえようとするわけでしょう。土地を押さえて、そこを実効支配していくというのは、大陸国家の発想に他なりません。

手嶋　たしかに、従来の海洋国家にはなかった進出の仕方です。その結果、周辺諸国と不必要な軋轢を生んでいます。不必要なコストですね。

佐藤　でも、あのやり方はどこかで行き詰まると思うんですよ。考えてもみてください。人工島を造って維持するなどというのは、大変なことなのです。

手嶋　周辺国との緊張を高めてしまうため、大変なコストがかかってしまうのです。鳴り物入りの「一帯一路」構想も、マレーシアが中国主導で着工していた長距離鉄道事業の中止を決めたり、スリランカが中国の巨額融資の負債に苦しんだりと、関係国との摩擦が高まっています。はっきり言って、やり過ぎですね。

佐藤　そういう、海洋国家であれば考えもしない「無理」を、彼らは大陸国家のＤＮＡに従って無意識、無自覚のうちに実行しているわけです。

せっせと航空母艦の建造を行っているのも、そこに通じるものがあります。第七世代戦闘機が出てくる時代になると、いくら立派な航空母艦を持っていても標的にしかなりません。無人の戦闘機が飛び交うわけだから。

手嶋　映画『スターウォーズ』の登場人物になぞらえて「ペンタゴンのヨーダ」と呼ばれた、アンドリュー・マーシャルという、アメリカの国防官僚にして、すぐれた戦略家がいます。ニクソン政権以来、四〇年を超えて国防総省の総合評価局局長を務めた逸材なのですが、なぜ「ヨーダ」たりえたかと言えば、「明日の戦略」を考えることができたからです。

そのマーシャルは、戦車や航空母艦のような「第二次大戦型」のプラットフォームでは、未来の戦争には太刀打ちできないということを、かなり早い時期から言っています。航空母艦は、すでに時代遅れの代物なんですね。かつて帝国海軍が大艦巨砲主義にこだわって時代から取り残されてしまったことを思い出します。ですから、どんどん造ってくれたほうがいいかもしれないのです。「提督は昨日の戦争を闘う」という警句の通りなのです。

ただし、だからといって、世界第二位の経済力を持つに至った大陸国家を侮るわけには、もちろんいきません。

佐藤 大陸国家の理屈で海に出てくるからこそ、「怖い」とも言えるのです。

「GAFA」との戦いもある

手嶋 マーシャルが指摘した「未来の戦争」とは、情報通信などの新技術を駆使した戦いです。新グレートゲームにおいては、航空母艦の世界から、そうした新たな兵器や装備、さらにはもっと広く宇宙とインターネットという二つのスペースに、安全保障の舞台が移りつつあります。

佐藤　サイバー空間が絡んでくると、さらにゲームは複雑化し、それに伴って新たなルールの構築も進むでしょう。ルール作り自体が勝負になっていくはずです。そして、それはすでに始まっているわけですね。

例えば、グーグル（Google）、アップル（Apple）、フェイスブック（Facebook）、アマゾン（Amazon）といういわゆる「ＧＡＦＡ」をはじめとする巨大ＩＴ企業をどう「制御」していくのか？　それは個別企業との「戦い」であるのと同時に、こうした分野、スペースをどこがどう制するのかという、国家同士のせめぎあいでもあるでしょう。

手嶋　それこそが新しいグレートゲームなのです。

佐藤　そうした新興ビジネスの多くはアメリカに起源があるわけですが、しかしアメリカ国家に対して十分に忠誠を誓わない。すなわち、しかるべき納税をしないのです。

手嶋　いまはアメリカの国家主権をはるかに乗り越えて、グローバルにビジネスが展開されています。そういう人たちにとって、例えば中国市場の魅力が高まって、そこから富を得られるのであるならば、ことさらアメリカに忠誠を誓う必要もないという理屈になるのだと思います。

ともあれ、指摘されたような、タックスヘブンなどを駆使した彼らの「税逃れ」は、いまや世界中で問題視されるようになっていますよね。

佐藤 そうです。そしてそれに対する「反撃」の機運が高まっているわけです。いちはやく動いたのはヨーロッパで、EU（欧州連合）が先頭に立ってGAFAへの課税強化を打ち出しています。自国企業に対するそうした動きを牽制していたアメリカも、一八年三月末にトランプ大統領がアマゾンへの課税強化を示唆するや、一時同社株価は急落し、時価総額で約五〇〇億ドルが吹き飛ぶという事態になりました。さらに中国も、独自のスタンダードを作ろうとしています。俯瞰すれば、アメリカ発の巨大IT企業に対して、課税という切り口から、三つのシステム対立が起きていることになるのです。

同時に、彼ら自身の弱点も表面化しているんですよ。例えばFacebookやTwitterが、非常に脆弱なものであることが明らかになっています。先日、国立情報学研究所社会共有知研究センター長の新井紀子さんと会う機会があったのですが、「こうした企業が将来にわたってもつのかは、正直わからない」という話をされていたのが印象的でした。
　何が問題かというと、これも「ルール変更」が絡む話なのですが、例えばすべてのヘイトスピーチを排除するとなった場合、ヘイトか否かを文脈から理解することはＡＩには無理で、どうしても人の手が要る。しかも、膨大に必要です。はたしてその人件費圧力に耐えられるのか？　そういう世界になってくるというわけです。

手嶋　ここでも、目前の見慣れた景色が絶対だと思ってはならないわけですね。想定外のコストによって先行の企業が行き詰まれば、またそれに代わるビジネスモデルが誕生するはずです。

佐藤　そうしたことも考えていくと、事態は課税ウンヌンを超え、サイバー空間でどんなシステムが構築できるか、プラットフォームをどこが握るのかという、ある種覇権争いになってくるでしょう。ＳＮＳの威力は絶大で、その争いに勝てば、経済も政治も含めたあらゆる領域で影響力を行使できるわけだから。
　ちなみに、中国には「安価で豊富な労働力」という資源があります。米国企業ではコスト的に合わないさきほどの作業も、中国のＩＴ企業アリババグループだったら、人海戦術で乗り切るかもしれません。

手嶋　中国は、一方で航空母艦に象徴されるような「昨日の戦略」を戦い、一方では新たなスペースをめぐる覇権争いで、堂々とトップ集団を走っているわけです。そうした新旧ない交ぜの、ある意味矛盾を抱えながらも、アメリカの真の競争相手として立ち現われてきた。われわれは、そうした存在と正面から対峙することになるのだという視点から、現状をもう一度とらえ直す必要があるのだと感じます。海洋に空母や潜水艦を浮かべる中国が怖いのではありません。大国として自画像を自分で描くことができずにいる中国が東アジアの不安定なファクターになっているのです。

時機を逸した「非核一・五原則」

手嶋　そうした新グレートゲームの幕があがるなか、日本は今後、いかなる針路をとっていけばいいのかを最後に論じておきましょう。

佐藤　まず米朝関係に関しては、繰り返しになりますが、アメリカが軍事オプションを選択する可能性は、ほぼ消えたと言っていいでしょう。従って、北朝鮮が軍事的挑発を繰り返す理由もなくなりました。長きにわたって続いてきた北朝鮮との緊張関係は、熱戦への発展という点では、少なくとも短期的には緩和されたとみていいでしょう。

ところで、私は北朝鮮の核の脅威に対抗するために、『独裁の宴』などで「非核三原則」の「非核一・五原則」への転換を検討すべきだ、と主張してきました。

手嶋　核を「持たず、つくらず、持ち込ませず」のうちの「持ち込ませず」、さらには「持たず」を変えて、アメリカと核のシェアリングを図るべきだという、まことに大胆な提案でした。

佐藤　「持ち込ませず」を外しても、全世界にある米軍の核兵器の所在を明らかにしないアメリカのＮＣＮＤ（Neither Confirm Nor Deny）政策の下では、日本のどこに「持ち込まれた」のかわからない、さらに言えば、本当に配備されたのかもわからない。これでは、そもそも抑止力として不十分だから、「持たず」も〇・五にして、アメリカ大統領と共に日本の内閣総理大臣も核の発射ボタンを持つ――。簡単に言うと、そういう仕組みです。

しかし、それを具体化するのには、時機を逸してしまいました。

手嶋 米朝の合意が進んだから、ということですか？

佐藤 そうです。曲がりなりにも金正恩が「核廃棄」を口にし、アメリカがそれを見守るという構図が出来上がっていますから、お話ししたような核政策の見直しを、リアリティをもって論じる状況ではなくなっています。

手嶋 アメリカ側も、正面切って議論のテーブルに乗る雰囲気ではありませんね。

佐藤 逆に言えば、アメリカがこの提案を受け入れるとしたら、核をめぐる北朝鮮との緊張感がマックスのタイミングだっただろうと思います。

誤解なきように繰り返しておきますが、私は核廃絶論者です。しかし、差し迫った危機に対応し国益を守るために、短期的に核を「アメリカとシェアする」選択肢もあり得るのではないか、というスタンスで提言したわけです。ただ、当初から実現のためにはスピード感が必要だと感じていました。

手嶋 「国難」を口にするわりには、日本側にそういう抜本的な議論は、あまり進まなかったように感じます。

佐藤　この問題でアメリカと議論を行い、何らかの前進が得られたのなら、その事実は新グレートゲームにも受け継がれるものになったのかもしれませんが。

「アメリカの底流」を表出させたトランプ

手嶋　朝鮮半島をめぐる短期的な危機が去ったとはいえ、中長期的には、北東アジアにおけるアメリカのプレゼンスが希薄になるという、日本にとって厳しい現実が待ち受けています。行方が定かでない中国の将来も不安定要因ですが、戦略的空白を生んでしまうアメリカもまた不安定要因となります。

佐藤　安全保障政策の見直しだとか、考えるべきことは数多くあると思いますが、いずれにしても日米同盟に多くを依存しなければならないという構造は変わりません。しかも、中国が目前に迫ってくるとなると、いままで以上に、そこに寄り掛からざるをえなくなる。問題は、本当に寄り掛かれるのか、ということですよね。

冷戦期のヨーロッパのアナロジーで考えれば、ソ連がヨーロッパに中距離核ミサイルを撃とうとしたら、ワシントンやニューヨークがやられるリスクを冒して、アメリカがモスクワを攻撃しただろうか。それと同じことが、われわれに問いかけられているのです。しかし、この問いに答えを出すのは、非常に難しい。

手嶋　西側同盟の深きディレンマが、そこにあるのです。第二次大戦直後のヨーロッパは、英・仏・独は疲弊の極みにあり、超大国アメリカが一手に抱え込んで、経済的にも軍事的にもサポートしなければなりませんでした。冷戦真っただ中の六三年六月、文字通り壁に囲まれた当時の西ベルリンで、ケネディ大統領が「私はベルリン市民である」"Ich bin ein Berliner" と演説したのは、象徴的でした。西欧諸国の復興こそ、アメリカが冷戦に打ち勝つカギだったのです。つい最近まで、その「アメリカの約束」は果たされてきました。

佐藤　そうです。大変なコストを払いながら。

手嶋　ところが、ここにトランプという異形の大統領が登場しました。彼の本音は、大統領選の発言によく出ています。安全保障政策では、「NATOなど時代遅れ」「日本も韓国も、アメリカに頼らず自分で防衛すべき」という発言を繰り返していました。特に日本については「自動車などの輸出によって、アメリカで多くの失業を引き起こしながら、アメリカに国防を担ってもらっている」と非難した。

佐藤　従来の大統領選ではあり得なかったキャンペーンです。

手嶋　冷戦期を通じて、なぜアメリカが西側のリーダーたりえたのか。それをよくわかっている知識人たちからすれば、べらぼうな言説でした。しかし、斜陽化にあえぐ「ラストベルト」の人たちには、大いにアピールしたわけですね。

私はトランプを「異形の大統領」と呼びましたが、「自分の身は自分で守る」という主張は正論でもあるのです。冷戦が終わるというのは、そんな「正論」が力を得ることでもあるわけですから。

佐藤　例えば、国連に対する冷淡な態度をみれば明らかだと思うのですが、アメリカの底流には、一国主義の思想が頑としてあるのです。そういう「無意識」を理解しておくのは、非常に大事ですね。

手嶋　トランプは、そうしたアメリカの底流に滞留していたものを素直に表に出した。選挙戦術に限っていえば「成功」しているようにみえます。

アメリカには「海洋戦略」がある

佐藤 問題は、そんなアメリカの「力の衰え」です。一極主義は、力がある時にはネオコンのような、ある意味、筋の通った一極主義たりえます。しかし、力が落ちると、それは単なる一国主義すなわち孤立主義になるんですね。

手嶋 そのことがまさにいま、象徴的にみえているのが貿易の分野です。自由貿易というのは美しい姿に映るのですが、端的に言ってしまえば、その時々の覇者にとって一番都合のいいシステムが「自由な市場」なのです。

パックス・ブリタニカ、英国が世界の海にネットワークを張りめぐらしていた時代には、彼らは障壁のない貿易で多くの富を築くことができました。二十世紀になって、パックス・アメリカーナの世界が実現すると、今度はアメリカが自由貿易の恩恵に浴するようになったわけです。ところが、その力が衰えた結果、いまや中国が自由貿易の旗手であるかのような発言をするような奇妙な状況が生まれています。

佐藤　アメリカの通商代表部は、一八年一月に出した年次報告書で、「中国で、市場志向型の貿易体制の導入が進んでいない点において、米国が中国のＷＴＯ（世界貿易機関）加盟を支持したことは明らかに誤りだった」と述べています。これも正論で、二〇〇一年に中国がＷＴＯに加盟した際には、すでに確立されたルールに従うだろうという思惑があったわけですが、彼らは従うどころか、逆に中国スタンダードでそれを呑み込もうとした。中国加盟を支持したばかりに、トランプ政権が中国製品に発動した制裁関税について、逆に中国からＷＴＯに提訴されるといった事態を招いたわけです。

手嶋　大変皮肉なこととしか言いようがない状況です。そうやって中国が発言権を高めているのも、アメリカの衰弱のゆえなのです。

佐藤　ええ、歴史的必然とも言えます。

手嶋　非常に強気なトランプの「アメリカ・ファースト」も、どこかでそういう大きな歴史の流れを見切った発言のように取れなくもありません。パックス・アメリカーナの時代は終わり、あらゆる数字が「アメリカの凋落」を示しているわけですね。ならば、政治的なスタンスも、当然変更されなければならないでしょう。

身も蓋もない言い方ですが、いまのアメリカは、他国をサポートするような余裕を失い始めています。少なくとも心理的にはそう思い込んでいるようにみえます。一国主義でやらせてもらいますから、みなさんも自助努力をお願いします――。そういう現実を、これまた素直に語っているように思うのです。

同時に、では超大国アメリカは一路衰退の道を辿っているのかというと、そうではないのです。さきほどの「GAFA」もそうですが、独創的なシステムを構築する力、金融やITの実力は、やはり未来を感じさせますよね。ですから、トランプのアメリカだけをみて、見下すのは危険です。

佐藤 要するに、プラットフォームをつくれるわけです。

手嶋 その通りです。そこも正確に理解しておかなければ、グレートゲームの行方を見誤ってしまう。

立ち位置を見定め、ゲームに臨め

佐藤　アメリカは、東西冷戦期の「ソ連封じ込め」のような明確な戦略を持たないままに、中国とのグレートゲームに臨もうとしている、という議論をしました。たしかにトランプ政権からそうした具体的な何かが提示された形跡はありません。ただ、それだけに、アメリカの地《じ》の海洋戦略が投影されているという感覚を、私は持つのです。

国家間の関係というのは、いまだにニュートン力学の法則で決まるのです。すなわち、力と力の均衡です。その古典物理学に則るならば、中国がこれだけ力をつけてきた現状を踏まえ、均衡線の引き直しをしなければならないという意識が、アメリカに働いているはずです。物理学を無視した均衡線にこだわれば、どこかで破綻をきたすことになりますから。

手嶋　アメリカは海洋国家の本能として、国際政局における「ニュートンの法則」はよく理解している。

佐藤　その回答が、北東アジアにおいては、在韓米軍の撤退、新アチソンラインの設定ではないかと思うんですよ。

そうやって、朝鮮半島でアメリカのプレゼンスが低下するというのは、たしかに痛手です。ただ、島嶼国家である日本は、少なくとも海洋国家アメリカとゲームのルールを共有することができます。これから考えるべきことは、共通の価値観を持ちうるというアドバンテージを生かす方策ではないでしょうか。

日本の採るべき道という点では、これも前に論じた六者協議の枠組みを復活させて、最大限活用すべきだと思います。もちろん、北朝鮮の非核化がメインテーマになるのですが、グレートゲームの主役が揃う場で、集団安全保障などの議論を重ねることは、北東アジアの平和に大きく貢献するはずです。

手嶋 いまやトランプ大統領が、アメリカの安全保障をリスクに晒してまで、ヨーロッパや東アジアの同盟国のために進んで一肌脱ぐと心から信じる人は、ほとんどいないでしょう。だからこそ、日本は多国間の安全保障システムの構築という新しいゲームに参加し、外交力を鍛えるべきなのです。日米安保で事足れり、という時代は終わったのです。

佐藤 アメリカの東アジアでのプレゼンスは確実に低下していく。しかし依存せざるをえないという現実がある。東アジアの各国と信じるに足る関係を醸成できるかどうかが、今後の政治の重要なミッションになると思いますね。

手嶋　日本は、自らが最前線に立たざるをえない新グレートゲームを見据えて、どう針路を定めていくべきか決断すべき時が到来しています。でも、われわれに残された時間はそう多くないように思います。

あとがき
―不寛容という病理―

佐藤　優

　二〇一八年十一月六日、投開票が行われたアメリカの中間選挙で、議席の過半数を上院では与党・共和党が、下院では野党・民主党が確保した。手嶋さんと私が早い段階から予測していた通りの流れになった。

　これまで、下院では共和党が過半数の議席を占めていたので、トランプ大統領との捻れが激しくなる。もっとも、当初、下院では民主党が圧倒的多数の議席を獲得するとみられていたので、民主党の勢いを止めたという意味では、トランプ大統領の底力を見せた。さらに上下院共に、トランプ大統領の路線に批判的な共和党主流派が後退し、共和党におけるトランプ色が強まった。今回の中間選挙の結果、トランプ大統領の権力基盤は強化されたと私はみている。
それよりも構造的に米中関係に影響を与えるのは、選挙運動中の十月二十日にトランプ大統領が訪問先の米ネバダ州で記者団に対し、アメリカが旧ソ連と結んだ中距離核戦力（ＩＮＦ）全廃条約から離脱する方針を表明したことだ。

「トランプ氏は遊説先の米ネバダ州で記者団に対し、『米国も兵器開発を進めなければならない。ロシアや中国が開発を進めながら、米国だけが条約を守るというのは受け入れられない』と強調した。」（『読売新聞』十月二十二日付朝刊）

今後、国際的な核軍拡競争を加速させかねない極めて危険な方向にアメリカが安全保障政策を転換することになった。アメリカの決定に対してロシア政府と世論の反応は比較的冷静だ。オバマ前大統領の時代から、アメリカはロシアがＩＮＦ全廃条約に違反していると非難していた。これに対してロシアは解釈の違いで条約には違反していないと反論していた。軍縮関連の条約は解釈が複雑で、国際法的にどちらが正しいかを判断することは難しい。こういうときには法解釈よりも同盟関係が重視される。日本はアメリカの同盟国だ。それだから、ＩＮＦ全廃条約の解釈についてはアメリカが正しいという立場を取ることになる。これが国際政治のゲームのルールだ。

もっとも本件に関して日本がアメリカの立場を支持しても、日ロ関係に与える影響は限定的だ。それはトランプ氏がＩＮＦ全廃条約を破棄した真の理由は、中国の軍事力増強に対する抑止力を維持するためだからだ。今後、米中関係は、貿易・経済分野のみならず、軍事・安全保障分野でも緊張感を増すことになる。アメリカのＩＮＦ全廃条約離脱の背景にも米中衝突の構造がある。

さて、本書で予測したように米朝関係が正常化すると、米軍が韓国から撤退する可能性が現実的になる。韓国は外交・安全保障分野において、中国寄りの姿勢を示すようになるだろう。東アジアにおいて、日本と中国・北朝鮮・韓国が対立する構造が生まれる。

中国に対する抑止力を担保するために、日米同盟を一層強化し、アメリカの中距離核ミサイルを日本に配備すべきだと主張する政治家や有識者が出てくる。日本政府は核兵器を「持たず、つくらず、持ち込ませず」の「非核三原則」を掲げているが、そのうち「持ち込ませず」を除外して、「非核二原則」にすることを将来、政府が検討する可能性も排除されない。

とりあえず、核持ち込みに関する議論は封印するが、中国に対する抑止力を強化するという観点から、沖縄本島や離島に中距離弾道ミサイルを配置するという動きが出てくる可能性もある。沖縄はそのような計画に対して激しく反発するであろう。

いずれにせよアメリカのＩＮＦ全廃条約からの離脱によって、核軍拡が進むことはとても危険だ。日本政府は、二度と核戦争を起こさないという強い意志を持って、いまから北東アジアにおける核廃絶に向けた戦略的外交を展開すべきだ。その観点から、日本は、中国やロシアとの安全保障対話を強化して、相互不信のスパイラルに陥ることを防がなくてはならない。

このような状況で問題なのは、不寛容な態度が、国内においても国際社会においても強まることだ。イタリアの思想家で小説家のウンベルト・エーコ（一九三二〜二〇一六年）は、不寛容の起源を、群れをつくる動物である人間の縄張り意識に求める。『永遠のファシズム』のなかでエーコはこんな指摘をしている。

「では不寛容は？　原理主義、教条主義、人種主義——三者の差異と類似性にそれは還元されるだろうか？　過去には人種主義者的ではない不寛容のかたちがあった（たとえば異端者の迫害、あるいは敵対者に対する独裁者の不寛容）。不寛容は、ここまでわたしが考察してきた現象すべての根源に位置する、はるかに根深いなにものかである。原理主義、教条主義、似非科学的人種主義は、ひとつの〈教義〉を前提とした理論的な立場である。不寛容はあらゆる教義の、さらに前提として置かれる。この意味で、不寛容は生物学的な根源をもち、動物間のテリトリー性のようなものとしてあらわれるから、しばしば表面的な感情的反応に起因する。わたしたちが自分と違う人びとに堪えられないのは、わたしたちが理解できない言語を話すからであり、カエルや犬や猿や豚やニンニクを食べるからであり、入れ墨をするからだ……といった具合に。」（ウンベルト・エーコ『永遠のファシズム』岩波現代文庫、二〇一八年）

私もエーコのこの指摘を支持する。エーコはこのような不寛容はリベラル派においても起きていると警鐘を鳴らす。

「微妙な差異がもっと繊細な問題を生む場合もある。アメリカにおける『ポリティカリー・コレクト（ＰＣ）』現象がそうだ。あらゆる差異、宗教的、民族的、性的な差異の認識と容認を促進するために生まれたものが、原理主義の新たなかたちになりつつある。

日常言語をおよそ儀礼的な様態でよそおい、精神を傷つけるような字義について研究する。そうして盲人を「目の見えないひと」とよぶ繊細さを持ちあわせさえすれば、かれを差別することだってできるし、なにより〈政治的に正しい〉規則に従わない人びとを分け隔てることができる。」（前掲書）

不寛容は、すべての人間集団に起き得る病理なのだ。特にインターネットの普及により、不寛容が政治的、社会的力になりやすい。寛容な社会をつくる努力を有識者や出版関係者はし続けなくてはならないと強く思う。エーコは「子どもは、自分の括約筋を操れるようになる以前から、他人の所有物を尊重するようにと、少しずつ寛容性を教育される。だれしも成長につれ自分のからだはコントロールできるようになるが、不幸なことに、寛容は、おとなになってからも、永遠に教育の問題でありつづける。」（前掲書）と指摘する。

不寛容を克服するために努力しなくてはならない。手嶋さんとのこの共著をそのために活用してほしい。

本書を上梓するにあたっては、中央公論新社の中西恵子氏にたいへんにお世話になりました。どうもありがとうございます。

二〇一八年十一月十二日

本書は、『中央公論』２０１８年９、11月号に
掲載した記事に大幅に加筆修正したものです。

構成／南山武志

ラクレとは…la clef=フランス語で「鍵」の意味です。
情報が氾濫するいま、時代を読み解き指針を示す
「知識の鍵」を提供します。

中公新書ラクレ
639

米中衝突《べいちゅうしょうとつ》

危機《きき》の日米同盟《にちべいどうめい》と朝鮮半島《ちょうせんはんとう》

2018年12月10日初版
2018年12月25日再版

著者……手嶋龍一《てしまりゅういち》　佐藤《さとう》 優《まさる》

発行者……松田陽三
発行所……中央公論新社
〒100-8152 東京都千代田区大手町 1-7-1
電話……販売 03-5299-1730　編集 03-5299-1870
URL http://www.chuko.co.jp/

本文印刷……三晃印刷
カバー印刷……大熊整美堂
製本……小泉製本

Published by CHUOKORON-SHINSHA, INC.
Printed in Japan　ISBN978-4-12-150639-9　C1236